JN439413

나루터 가는 길

현대수필가100인선 · 96

나루터 가는 길

엄정식 수필선

좋은수필사

■ 책머리에

수필은 누구나 부담 없이 읽고, 마음만 먹으면 직접 쓸 수도 있는 가장 친근한 문학이다. 다른 영역의 문학이 영상매체에 밀려 신음하고 있는 중에도 수필 인구만은 날로 증가하여 바야흐로 수필 전성시대를 구가하고 있는 이유도 거기에 있을 것이다.

시대적 추세에 힘입어 수많은 수필전문지, 수필동인지가 창간되고, 이에 비례하여 신진 수필가도 날로 늘어나다 보니 이제는 그 많은 작가, 그 많은 작품 중에서 문학성 높은 작품을 가려 읽는 일이 쉽지 않게 되었다. 이런 현상은 작가에게나 독자에게나 결코 바람직한 일이 아니다. 더 나아가서는 수필을 연구하는 후세들에게도 큰 부담이 될 것이다.

이런 문제를 해결하는 데는 출판인도 마땅히 한몫을 감당해야 한다는 평소의 소신에 따라, 본사가 기꺼이 그 역할을 맡기로 했다. 그 첫 번째 사업으로 시대를 대표할 만한 수필가 100인을 선정하고, 작가가 자선한 40편 내외의 작품을 수록한 문고본을 발간하여 이를 널리 보급함으로써 그 소임을 다하고자 한다.

본사는 사명감을 가지고 이 사업을 추진해 나가기로 했다. 작가 선정을 전담할 편집위원회를 구성하고 전권을 위임하여 일체의 사적인 정실이나 청탁을 배제함으로써 전문성과 공

정성을 확보해 나갈 것이다.

따라서 이 기획물 속에는 작가의 문학정신뿐만 아니라, 본사의 문학사적 기여 의지와 편집위원 제위의 수필문학에 대한 애정과 문인으로서의 양심이 함께 담겨 있음을 자부한다. 다만, 작가를 선정하는 기준에는 많은 견해의 차이가 있을 수 있고, 선정 과정에서도 미처 챙기지 못한 부분이 있을 것이라는 사실만은 인정하지 않을 수 없다. 이 점에 대해서는 관계자 여러분의 양해 있으시기 바란다.

이 시리즈의 발간 순서는 작가, 또는 본사의 사정에 의한 것일 뿐 그 밖의 어떤 기준도 적용하지 않았음을 밝힌다.

본 기획물이 시대를 초월한 많은 수필 애호가들의 관심과 애정 속에 우리나라 수필문학 발전에 한 이정표가 되기를 바랄 뿐이다.

2011년 10월

좋은수필 발행인 서 정 환

현대수필가 100인선 간행 편집위원 박 재 식 최 병 호

정 진 권 강 호 형

변 해 명

1_부

2_부

3_부

1부

산촌의 겨울
산촌의 봄
산촌의 여름
산촌의 가을

산촌의 겨울

영원의 관점에서

여기는 충청남도 당진읍에서 야산을 끼고 15분쯤 차로 달리면 나타나는 작은 산골 마을이다. 워낙 막다른 산골짜기에 집이 서너 채밖에 없는 마을이라 이곳 사람들은 '숨은 골' 혹은 '은곡隱谷'이라고 부른다. 나는 틈만 나면 이곳에 와서 오래전 늦가을에 마련해둔 빈 농가에 머물면서 책도 읽고 글도 쓰며 여러 생각에 잠기기도 한다. 이곳에 와서야 비로소 나는 한 사람의 '사색인'이 된 느낌이 든다. 무엇보다도 전화나 텔레비전 같은 문명의 이기와 멀리 떨어져 있고 여러 사람들과 어울려 지내지 않기 때문에 생각의 골을 어느 정도 깊이 파내려

갈 수 있기 때문이다.

그러나 이곳에 올 때면 늘 걱정이 앞서는 것도 사실이다. 물론 옛 친구를 만나러 가는 것처럼 대부분의 경우 즐겁고 흐뭇하며 때로는 다소 들뜬 기분에 젖게 되지만, 그 집을 늘 비워두기 때문에 그동안 전혀 안부를 전하지 못했던 연인을 찾아갈 때처럼 미안하기도 하고 또 염려가 되는 것은 어쩔 수 없다. 어떤 때는 농가가 훼손되어 지붕이 새기도 하고, 심한 바람에 창호지가 찢겨 있는가 하면 마당에 발을 들여놓기가 어려울 정도로 잡초가 자라나 있을 때가 있으며 낙엽이나 눈이 수북하게 쌓여 있을 때도 있다.

잠시 삽교천에 들렀다가 세 시간 만에 이곳에 도착하였다. 장식처럼 형식적으로 걸어놓은 자물쇠를 열고 텅 빈 뜰 안으로 들어섰다. 다행히 모든 것은 한 달 전 떠날 때의 모습 그대로다. 조금 변한 것이 있다면 마당에 낙엽이 조금 더 쌓여 있고 사이사이로 잔설이 눈에 띄는 점뿐이다. 그러나 이상하게도 오늘따라 산골 마을이 무서울 정도로 정적에 싸여 있다. 웬일일까. 심지어 개 짖는 소리도 들리지 않는다. 최씨네며 박씨네, 그리고 언덕 아래 김씨 할아버지네도 아무 인기척이 없다. 모두 읍에 나간 것일까. 오늘은 장날도 아닐 터인데…….

나는 집을 대강 정리하고 청소를 한 다음 주위를 둘러보았다. 원두막 옆에 한 50년은 되었을 듯한 밤나무가 베어져 있었다. 일부는 장작으로 쪼개져 있고 또 일부는 거대한 기둥의 모습을 한 채로 길거리에 나뒹굴어져 있었다. 이 광경에 충격을 받았다. 그러나 당황하지 않으려고 애썼다. 나는 집 근처에 있는 나무를 베지 않는다는 원칙을 세웠으나 그러한 원칙을 지킨다는 것이 쉬운 일이 아니고 또 때로는 바람직한 일도 아니다. 가령 이 밤나무의 경우만 하더라도 나는 그대로 두고 싶었으나 실제로 농사를 짓는 사람의 입장에서 보면 반드시 없애야 하는 장애물인지도 모를 일이다. 아무리 그렇더라도 그토록 크고 탐스러운 나무를 편의만 생각해서 베어버리다니…….

겨울이라 해가 짧았고 또 저녁에는 날씨가 매우 추워서 안채에 잔뜩 군불을 때었다. 오래간만에 불을 지피기 때문인지 불길이 잘 일지 않았다. 덕분에 날짜가 지난 신문지 두 상자를 거의 다 불살랐다. 신문이란 정말 이상한 물건이다. 그것이 기다려질 때에는 몹시 소중하게 생각되지만 하루만 지나면 지면의 대부분이 휴지가 되어버리고 만다. 더구나 이러한 벽촌에 있으면 그것은 한낱 문명인들의 유희에 지나지 않는 것으로 느껴진다. 신문의 굵직한 헤드라인과 저명 인사들의 주먹만 한 사진들이 휴지조각이 되어 불길 속으로 휩싸여 들어가는 것을 보고 있노라면 나는 이상하고도 착잡한 상념에 젖는다. 그 당시에는 그토록 중대하고 절박했던 사건들이 불과 몇 달이 지나기 전에 이처럼 대수롭지 않은 일이 되고, 또 어떤 사건은 우스꽝스럽게 여겨지기까지 한다. 오늘 신문에 보도된 사건도, 아니 앞으로 생길 모든 일에 대해서도 그러한 인식을 가질 수 있다면 그것이야말로 철학적 달관達觀의 경지가 아닐까. 나는 계속 신문지 더미를 태우는 동안 아궁이라는 블랙 홀 속으로 불길이라는 시간에 휩싸여 모든 사건이 사라져갈 뿐인 현상을 지켜보면서 밤이 깊은 줄을 몰랐다. 정말 모든 것은 그냥 사라져갈 뿐이다. 바로 이 사실 하나만 영원한 현실로 남아 있다. 그 외에는 모두 우리 인간들이 의미를 부여한 것에 지나지 않는다. 스피노자(B. Spinoza)가 말하는 '영원의 관점에서(sub specie aeternitatis)'본다는 것이 진정으로 무슨 뜻이겠는지 밤늦게까지 생각해보다가 잠이 들었다.

공포는 무지에서 온다

아침에 이름 모를 새들의 지저귐을 들으며 눈을 떠보니 아홉시가 가까웠다. 여기서는 잠을 자라고 말할 사람도 없지만 깨워주는 사람도 없다. 별빛을 바라보면서 잠이 들었다가 새소리에 일어날 뿐이다. 나는 반사적으로 자리에서 뛰쳐 일어나 죽도竹刀를 들고 뒷산으로 올라갔다. 그동안 얼어붙은 땅을 파헤쳐서 옆을 돋우어 평지를 만들고 낡은 타이어를 얻어다가 소나무 기둥에 붙잡아매어서 간이 검도 수련장을 만들어놓았다. 여기서 나는 이제 어떤 의미로도 젊었다고 말할 수 없는 내 신체를 단련하고 정신의 집중력을 강화하기 위하여 대학 시절에 틈틈이 익혀둔 검도의 기본 동작들을 연습해보려는 것이다.

"야압!" 하는 기합 소리와 함께 정신을 한 군데 모아 목표를 향해 죽도를 날리면 어느 순간은 우주와 내가 하나가 되는 무아無我의 경지를 맛보는 것이 이 수련의 진정한 목표이다. 나는 30여 분 동안 몸에 땀이 스며들도록 운동을 한 다음 뒤뜰에서 뿜어 나오는 찬 샘물로 몸과 마음을 흥건히 적셨다. 빵에 치즈와 햄, 그리고 오이 한 개로 아침식사를 마쳤다.

식사 후 산책길에서 박씨네 아주머니를 만났다. 안부를 물으니 다 무고하지만 건너 마을의 길가 집에 초상이 났다고 전해주었다. 그집 부인이 환갑이 채 안 되었으나 위암으로 세상을 떠났다는 것이다. 어제 이 마을이 텅 비어 있었던 것도 모두 아침부터 그집에 가서 일을 도왔기 때문이었다고 한다. 아주머니는 얼굴에 근심스러운 표정을 지으며 요즈음 이 작은 마을에서 너무도 자주 초상을 치른다고 걱정을 하였다. 나는 여러 가지 이유를 들어서 설명을 하고 또 위로도 해보았으나 별로 설득력이 없는 것 같았다.

날씨가 몹시 춥고 바람까지 세차게 불었으므로 낮에는 방에 틀어박혀서 주로 '한 · 러 철학 세미나'에서 발표할 논문을 손질하였다. 이달 30일과 31일 사이에 서울대학교 철학사상 연구소의 주최로 개최될 이 세미나에서 나는 〈현대적 상황에서의 자아 정체성 문제〉라는 제목으로 논문을 발표하도록 되어 있다. 이번 세미나는 우리나라와 러시아 사이에 처음으로 시도되는 철학자들의 모임이므로 그 의의가 매우 크고 여기에 발표자로 나서게 되었다는 것은 영광스러운 일이 아닐 수 없다. 최선을 다하지 않으면 안 된다. 그러나 아무래도 결론 부분에 좀 문제가 있는 것 같다.

다소 의도적인 데가 있는 것 같지만 나는 이 논문에서 '신비'의 개념을 도입하고 그 중요성을 강조하고 싶다. 서양 철학은 인식의 한계상황에 대해서 독단과 회의라는 이분법으로 일관하는 경향이 있다. 모르는 부분에 대해서 함부로 말하든가 혹은 너무 소극적이고 비관적인 태도를 취해온 것이다. 그러나 나의 '신비' 개념은 동양화에서의 여백과 같이 그것을 그대로 두고 또 그것과 함께 공존함으로써 오히려 그 한계를 극복할 수 있다는 것을 부각시키기 위해 도입된 장치이다. 이것은 칸트의 비판철학을 자연스럽게 수용하고 확장시키려는 시도이기도 한 것이다. 그러한 시도가 어느 정도의 설득력을 지닐지, 그리고 얼마나 효과적으로 그것을 표현할 수 있을지 의문이다. 그렇게 하기 위해서는 무엇보다도 나 자신을 설득할 수 있도록 개념을 분명히 하지 않으면 안 되겠다.

날이 어두워지자 낮에 박씨 아주머니의 이야기가 생각나서인지 공연히 적막감이 엄습해 오고 심지어 음산한 느낌마저 들었다. 사실 내가 생각하기에도 이 손바닥만 한 산골 마을에 요즈음 흉사가 너무 자주 일어나는 편이다. 지난 2년 사이에 내가 기억하는 것만 해도 병이나 사고로 죽은 사람이 여섯 명이나 되니 말이다. 두 사람은 읍에서 교통사고로, 또 세 사람은 암으로 사망하였으며 한 사람은 부인을 여읜 후 실의 끝에 농약을 마시고 자살하였다. 이와 같이 갑작스러운 죽음은 일찍이 없었던 일이고 그렇기 때문에 이곳 사람들에게는 분명히 흉사로 여겨질 수밖에 없을 것이다.

그동안 나는 기회가 있을 때마다 왜 그러한 일이 특히 최근에 이 고장에서 일어날 수밖에 없는지를 설명해보려고 애썼다. 나의 이른바 객관적 견지에서의 '합리적 설명'이라는 것은 우선 그것이 이 마을에만 국한된 흉사가 아니라는 점을 강조하는 일이다. 물론 정확한 통계를 가지고 있는 것은 아니지만 우리나라에 교통사고가 급증하고 있는 것은 널리 알려진 사실이고, 그 중에서도 인구비례로 보아서 읍에서 사망률이 높은 편이라는 것도 이해하기 어려운 일이 아니다. 아마 얼마 전까지 논두렁에서 소를 몰던 태도로 운전자들이 차를 몰고 좁은 길을 질주하는 데 그 중요 원인이 있는 듯하며, 행인들도 자동차라는 것이 때로는 얼마나 무서운 흉기인지를 인식하지 못함으로써 사고를 자초한다고 볼 수도 있다.

그러나 교통사고는 우리나라의 급격한 산업화와 농촌의 근대화 과정에서 일어나는 여러 징후 중 극히 일부에 지나지 않는다. 젊은이들은 앞을 다투어 도시로 빠져 나가고 노부부들만 농토를 지키면서 힘겹게 농사일을 지탱해가고 있다. 이러한 상황에서 남자들은 격무를 이기지 못해 술과 담배로 울화증을 풀다가 혈압으로 쓰러지며 부인들은 내색도 못하고 속으로만 삭이다가 암을 얻어 결국 목숨을 잃는다. 더구나 이러한 흉사는 겉으로 드러난 현상에 불과하고 잠재적인 사건들이 읍 주변의 여러 마을을 뒤덮고 있을 뿐만 아니라 주민들은 막연한 불안감과 위기의식에 사로잡혀 있는 실정이다.

물론 내가 이번에 발표할 논문에서도 강조하려고 하지만 이러한 식으로 모든 것을 설명해버릴 수는 없다. 여기에도 역시 신비의 영역은 있다. 그러므로 이 마을 사람들이 표현하듯이 "악귀가 이 마을에 있다."고 믿으며 고사를 지낼 수도 있다. 그러나 그러한 주장은 우리가 합리적으로 이해할 수 있는 부분을 모두 이해하고, 또 그렇게 이해된 부분에 대하여 우리가 할 수 있는 일을 다 해본 다음에 받아들여도 늦지 않으리라.

흉사가 빈번한 이 산골 마을이 다시 한 번 칠흑 같은 어두움 속에 파묻히자 내가 마을 사람들에게 누누이 강조하고 거듭하던 그 '합리적 설명'이 나 자신조차 받아들이기 어려운 '이론'임이 드러났다. 웬일인지 오늘따라 정신을 집중시키기가 어렵고 갑자기 공포라고 할까, 두려움 같은 것이 엄습해온다. 고독감이나 적막감 같은 것은 잘 견딜 수 있으나 이렇게 온몸이 오싹하는 기분은 좀처럼 익숙하지 않은 경험이다. 원래 인적이 드문 이 마을에는 유난히 묘소들이 군데군데 많이 있어서 밤이 되면 마치 공동묘지의 한가운데에 움막을 짓고 들어앉아 있는 기분이다. 더구나 밤에 산 사람들이 모두 쉬거나 잠에 떨어지면 죽은 사람들이 활동을 시작하는 마을이 되는 것 같은 느낌도 든다. 이러한 현상을 철학적 관점에서 나는 어떻게 이해하고 또 해명할 수 있을 것인가.

도대체 삶과 죽음의 차이는 무엇인가. 죽은 후의 우리들은 무엇이며 또 누구로서 남아 있을 것인가. 자연과 인간의 관계는 무엇인가. 인간은 자연의 일부인가, 혹은 자연이 인간의 도구에 불과한 것인가, 이러한 문제들에 대해서 종교적 태도를 지닌다는 것은 정당하며 또 바람직한 것인가. 우선 정신을 가다듬고 담력을 기른 다음 합리적 사고와 논증을 통해서 이러한 문제들에 관해 어떤 입장을 견지하기로 하자. 그렇게 하기 위해서 나는 이렇게 '철학의 현장'으로 뛰어든 것이 아닌가. "공포는 무지에서 온다."는 로마의 스토아 철학자 에픽테토스(Epictetus)의 말을 차분히 음미해보면서 잠자리에 들었다.

살아남기 위한 준비

김승옥은 ≪무진기행≫에서, "아침에 일어나니 안개가 적군처럼 진주해 있었다."라고 썼다. 참으로 아름다운 표현이다. 오늘 아침 은곡에도 그렇게 안개가 끼어서 마치 등선登仙하는 기분이었다. 다만 차이가 있다면 내게는 그 안개가 '아군'처럼 느껴졌다는 점뿐이다. 겨울 날씨가 갑자기 포근해졌기 때문일 것이다. 나는 버릇처럼 뒷산으로 올라가서 기합 소리도 힘차게 죽도를 휘두르고 내려와서는 카메라를 들고 나와 새벽 안개 속에 파묻혀서 막 햇살을 받기 시작하는 마을을 구석구석 찍어두었다. 카메라의 렌즈를 통해서 보았을 때 사물들은 더욱 선명하게 그 실체를 드러내는 것 같았다.

아침식사를 마지막 남은 빵과 햄으로 간단히 마치고, 날씨도 매우 좋기 때문에 "바람 좀 쏘이러." 읍에 나가볼 계획을 세웠다. 음식도 남은 것이라고는 김치와 라면, 마른 반찬 몇 가지, 그리고 쌀 반 말 정도가 있을 뿐이다. 읍에 가서 통조림도 몇 통 사고 곰탕이나 육개장으로 푸짐하게 점심도 들며, 아무라도 붙들고 실컷 이야기를 나누고 싶다. 지난 3일 동안 나는 한 번도 누구와 말을 건네본 적이 없지 않은가.

그러나 막상 이렇게 결심을 하자 갑자기 읍에 가고 싶은 마음이 사라져버렸다. 아마 너무도 가고 싶기 때문에 삼가지 않으면 안 된다는 의지가 작용했다고 설명할 수도 있으리라. 또 실제로 곰곰이 생각해보면 반드시 가야 할 이유도 없다. 음식이 충분한 것은 아니지만 그렇다고 해서 먹을 것이 모자라는 정도는 아니다. 다소 입맛에 맞지 않고 또 영양가도 넉넉하지 않다고 하지만 이곳에 진수성찬을 차려서 포식하려고 온 것도 아니지 않은가. 오히려 스피노자가 말했듯이 "자연이 많은 것을 요구하지 않으므로 나도 그렇게 살리라."는 정신을 몸소 실천해볼 수 있는 절호의 기회가 아닌가.

사실 다른 사람들과 담소하고 싶은 욕구도 있었지만 나는 서울에 있는 동안 혼자 지낼 수 있는 시간을 얼마나 목마르게 기다려왔던가. 모처럼 혼자 있으면서 깊이 생각하고 중요한 논문들을 정독할 시간을 겨우 얻었는데 벌써 지루해서 사람을 찾아 나서다니. 나는 결국 베이컨(F. Bacon)이 말하는 '시장의 우상'에서 희생물로 전락한 패거리에 지나지 않는다는 말인가. 실제로 나는 그동안 나 자신과의 대화를 통해서, 그리고 여러 논문들을 읽고 그 저자들과의 진지한 논쟁을 통해서, 계속 언어를 구사해왔으며, 오히려 그 어느 때보다도 가장 진지하게 언어 그 자체에 대해서 사색해오지 않았던가.

생각이 여기에 미치자 읍에 다녀오고 싶은 생각이 말끔히 가셨고, 갑자기 마음의 평온 같은 것을 느낄 수 있었다. 한 가지 더 얻은 것이 있다면 상황을 파악함에 있어서 객관적인 사실보다는 주관적 판단이 훨씬 더 큰 비중을 차지한다는 것을 깨달았다는 점이라고나 할까.

여하튼 나는 오늘 집에 머물며 이것저것 잡일을 하면서 소일하기로 하였다. 그동안 밀린 설거지도 몰아서 하고 뒷산에 올라가 나무를 구해서 장작을 마련하기도 했으며, 구석구석 찾아다니며 찢어진 창호지를 바르는가 하면 새로이 문풍지를 만들어서 붙이기도 하였다. 모처럼 한구석에 처박아두었던 내 복들을 꺼내어 빨래를 했고, 녹아 내리는 마당 한모퉁이의 잔설을 대나무 빗자루로 쓸어버렸으며, 그동안 까맣게 그을린

석유 난로를 청소하면서 심지를 고르게 잘라주기도 하였다. 이렇게 하니 하루가 눈 깜짝할 사이에 지나가버렸다. 오늘은 이곳에서 살아남기 위한 준비를 하느라고 하루를 보낸 셈이다. 결국 사람은 제대로 살아보기 위한 준비만을 하다가, 언젠가는 잘살게 될 것이라고 벼르기만 하다가 삶을 마무리하게 마련 아닌가.

우주의 미아

아침에 일어나서 아침 체조에 이어 죽도를 몇 번 휘두른 다음 식사를 준비하였다. 빵과 우유도 떨어져서 이제는 주로 라면만 끓여 먹으면서 지낼 수밖에 없게 되었다. 아침에는 컵라면이고 점심에는 안성탕면이고 저녁에는 '신' 라면이다. 구도자(求道者)에게 필요한 것은 비바람을 피할 집과 추위를 면할 옷 몇 가지, 그리고 굶어죽지 않을 정도의 음식만 있으면 된다는 말이 있다. 나는 그러한 마음의 자세를 갖추고 집을 떠나 이곳에 와 있는 것이 아닌가. 더구나 한 열흘 정도를 못 견딜 이유가 어디 있는가. 그러나 얼마 전에 받은 신체검사에서 이제 나이가 있으니 콜레스테롤과 혈당을 조심하라는 주의를 받았다. 당분간이나마 라면과 같은 가공식품만을 상식하는 것은 이러한 병에 좋지 않다고 하는데, 그렇다면 나는 육체적 건강과 정신적 단련 중에서 어느 것을 더 소중하게 생각해야 하는

가. 몸은 부모로부터 물려받은 것이니 소중히 다루어야 한다는 말도 있는데, 두 개의 의무 중에 하나를 선택해야 할 경우 그것을 정당화하는 철학적 근거는 무엇인가.

낮에는 저녁에 땔나무를 집 뒤의 야산에서 구해다가 잔뜩 쌓아놓고는 ≪삼국유사三國遺事≫를 뒤적거렸다. 그 중에 특히 '원효불패元曉不敗'라는 이야기가 몹시 충격적으로 느껴졌다. 원효가 파란만장한 생애를 살고 입적하자 아들인 설총이 그 유골을 빻아서 아버님 모습으로 소상塑像을 만든 다음 이것을 분황사에 모셨다. 그런데 어느 날 설총이 찾아뵙자 그 소상이 홱 돌아다보았는데, 저자인 일연一然은 "지금까지도 돌아본 채로 있다."고 기록한 것이다. 이 이야기는 오래전부터 알고 있었지만, 그러나 오늘 여기서 유달리 큰 충격을 주고 새삼스럽게 아버지에 대한 그리움을 복받치게 하는 이유가 무엇일까.

나는 6년 전 초여름, 아무 연고도 없는 이곳 당진에 무조건 찾아왔었다. 삶이 너무 힘에 겨웠던 시절이었다. 그 당시 나는 학생 지도의 임무를 띠고 전국을 순방하며 구속된 학생들의 부모들과 문제의 실마리를 찾고자 고심하고 있었다. 대전까지 와서 서울로 가는 버스를 기다리던 중 문득 당진으로 가는 시간표를 목격하게 되었다. 그 순간 사진으로만 기억하고 있던 아버지의 초상이 눈앞에 크게 다가왔다. 나는 무작정 당진행 버스에 몸을 실었고 해가 기울 무렵에야 그곳에 닿을 수가 있었다. 이것이 야산자락에 매어 달린 이 흙집을 마련하게 된 직접적 동기이다. 내가 네 살 때 여읜 아버지가 열세 살 되던 해에 떠나버린 고장이 바로 여기다. 말하자면 나는 그렇게 해서 아버지의 고향을 다시 찾아드린 셈이다. 원효가 한때 살던 혈사(穴寺)의 곁에 설총의 집터가 있었다고 전해진다. 어떠한 이유인지 자세히는 모르겠지만 자기의 연고를 찾고 부친에 대한 효성과 그리움이 사무친 나머지 그곳에 은신처를 마련했다면 나로서는 충분히 이해할 수 있는 일이다.

너무도 오래되어서 관념적으로밖에는 형상화할 도리가 없는 아버지를 생각하고 또 그리워하며 하루를 보내었다. 저녁에는 찬바람이 뼛속까지 스며드는 듯하였으나, 그래서인지 별들이 유난히 총총해 보였다. 그것은 이 세상에 존재하는 그 어떠한 사물들보다도 실재성實在性이 더 높아 보였다. 너무도 실감나는 존재들이었으므로 어느 순간 한꺼번에 우박처럼 내게로 쏟아지는 것이 아닌가 하는 걱정이 생길 정도였다. 별들의 반짝임들이 때로는 청각화되어 수많은 어린이들의 재잘거림같이 들려오기도 하고, 또 때로는 군중들의 함성같이 위협적으로 느껴지기도 하였다. 이러한 생각 때문인지 나는 우주의 미아가 된 듯한 착각에 빠져보기도 하였다. 매서운 추위가 옷깃을 파고들었다.

이번에는 이곳에 꽤 오래 있었다는 느낌이 든다. 며칠 만인가. 아침에 일찍 일어났으므로 무척 상쾌한 기분이다. 아직 날이 채 밝지 않았고 또 다시 포근한 날씨에 짙은 안개까지 끼어서 마치 내가 구름 속을 헤매고 있는 것 같은 착각을 일으키게 한다. 죽도를 움켜쥐고 뒷산으로 올라가서 잠시 심신을 푼 다음 뼛속까지 파고드는 듯한 샘물로 갈증을 덜었다.

대강 짐을 챙기고 안개 속을 헤치며 조용히 산골 마을을 빠져 나오는데, 마치 구름을 벗어나 대지를 향해 발을 내딛는 느낌이 든다. 나는 다시 현실로 돌아가고 있는 것이다. 그렇다. 나는 간다. 그곳이 내 삶의 현장이니까. 나는 구도자이기를 자처하지만 수도승은 아니다. 나에게는 좀더 구체적인 현실이 있다. 여기서 보낸 시간과 철학적 사유의 의미를 묻고 또 확인할 현실이 필요한 것이다. 그 현실로 돌아가기 위해서 나는 그동안 여기에 머물러 있었던 것이다. 자. 그럼 다시 올 때까지 안녕히… 나는 은곡이 완전히 안개 속에 파묻혀서 보이지 않을 때까지 계속 앞을 향해 나아갔다.

산촌의 봄

나 자신을 찾아서

새 학기가 시작된 지 3주가 지났다. 그동안 강의를 준비하고 학생들과 어울리며 밀린 논문들을 정리하느라고 무척이나 바빴다. 철학을 하는 것과 철학을 가르치는 것은 정말 별개의 것임을 자주 실감하게 된다. 칸트는 철학을 가르칠 수는 없고 '철학하는 것(philosophieren)'을 가르칠 수 있을 뿐이라고 하여 양자를 구분한 바 있다. 비트겐슈타인은 철학을 가르치는 것이 철학을 하는 데 전혀 도움이 되지 않는다고 하여 대학의 강단을 떠나 어촌 구석이나 산골 마을에 몇 해 동안이나 파묻혀 있었다. 구태여 그것을 흉내내려는 것은 아니지만 그야말로 숨 좀 돌리러 오늘 나는 이곳 은곡에 다시 왔다. 나는 가끔씩이라도 철학을 가르치는 것이 아니라 진지하게 '철학' 그 자체와 대면하고 싶다.

이 마을 어느 구석에도 이제 겨울의 흔적은 남아 있지 않으나 아직 봄이 찾아와준 것은 아니다. 겨울철처럼 앙상하고 삭막한 분위기는 아니지만 새싹이 돋아났다든지 봄의 전령인 진달래나 개나리가 여기저기에 눈에 뜨이지는 않는다. 무엇이 끝났다고 해서 반드시 새로운 것이 시작되는 것은 아닌가 보다. 겨울과 봄의 구분은 역시 개념적인 데가 있는 것이 사실이다. 나는 오늘 여기서 겨울과 봄 사이의 진공 상태 같은 것을 실감할 수 있기 때문이다. 이 순간의 계절을 무엇이라고 불러야 좋을까. 늦겨울이라기에는 너무나 봄 내음이 짙고 초봄이라고 하기에는 아직도 겨울의 그림자가 무겁게 드리워져 있다.

이웃집 최씨와 박씨네 들러서 인사를 하자 몹시 반가워하며 저녁을 함께하자고 서로 잡아끌었다. 나는 순간적으로 가슴이 뭉클해졌다. 어느덧 나는 이곳 마을의 주민이 되어 있음을 느꼈다. 결국 최씨네로 끌려가다시피 하여 주안상을 받았고 집에서 담근 찹쌀 막걸리를 취하도록 마셨다. 취기가 돌아서인지 어머니의 품에 안기듯이 산골 마을에 포근히 안겨드는 것 같은 기분이다. 도대체 나는 이곳에 왜 오는 것일까. 왜 허둥대며 자꾸 이곳으로 달려오는가. 이 안락함과 아늑함을 경험하러 오는 것일까. 최씨나 박씨, 혹은 김씨네의 다정함이 그리워서 오는 것일까. 그렇다면 그들과 함께 이곳에서 농사로 여생을 바친다고 해도 나는 만족할 수 있을까. 그것이 나의 '철학함'과 무슨 관계가 있는 것일까.

사실 나는 이 농민들을 만나서 어울려 지낸다든가 그들의 생활과 생각에 흥미가 있어서 그것을 연구하러 오는 것이 아니다. 농촌을 이해하거나 농사를 배우러 이곳에 오는 것도 아니다. 그렇다고 해서 마가렛 미드나 레비 스트로스처럼 인류의 생태나 인간의 본성을 규명하려는 것도 아니다. 칼 마르크스나 막스 베버처럼 인간의 소외 현상이나 인간성의 상실을 고발하고자 하는 것도 아니다. 그렇다면 융이나 프로이드처럼 인간의 심성을 해명하러 이곳에 오는 것인가. 그것도 아니다. 그렇다면 나는 무엇을 하러 여기에 온다는 말인가. 물론 나는 이 모든 것에 어느 정도 흥미가 있다. 그러나 그러한 것에 관심이 있어서 여기에 와 있는 것은 아니다. 나의 진정한 관심은 말하자면 소크라테스적 혹은 키에르케고어적인 것이다. 한마디로 나는 나 자신에 관심이 있어서 이곳에 온다. 나는 사람들과 어울려 있으면 곧잘 나 자신을 잃어버리게 된다. 그들 속에 흡수되어 나는 아무 데도 없게 되어버린다. 나는 내가 없는 삶을 견디어낼 도리가 없다. 작은 물건 하나라도 없어지면 당황하게 되는데, 어떻게 나 자신을 잃어버린 채로 살아갈 수 있다는 말인가. 그리하여 나는 나 자신의 행방이 묘연해지면 느닷없이 정신을 가다듬고 이곳에 달려오는 것이다. 이곳에 오면 비로소 나는 산골 마을과 아늑한 자연의 품속에 안기는 나 자신을 만난다.

내가 잠시라도 외면할 수가 없고 잊어버릴 도리도 없는 대상이 있다면 그것은 바로 나 자신이다. 나는 그 나에 대한 관심 때문에 이곳에 온다. 나는 이곳 주민들과 만나서 담소하고 환대를 받으며, 또 농사일을 돕고 배우기도 하는 나 자신에 대해서 흥미가 있다. 이곳에 오면 나는 하나의 뚜렷한 윤곽을 그리며 선명한 모습으로 존재함을 느낀다. 그리하여 이곳에서는 다른 사람들과 인류가, 혹은 사회와 국가가, 아니 모든 존재가 나와의 관계 속에서 새롭게 그 모습을 드러낸다.

나는 축축한 아궁이에 군불을 때며 줄곧 나 자신에 대하여 생각하였다. 그리고 비트겐슈타인이 ≪논리철학 논고≫에서 말하는 '철학적 자아'가 무엇이겠는지 가늠하려고 애썼다. 그는 거기서, "철학적 자아는 인간, 혹은 인간의 육체나 심리학에서 다루는 인간의 정신이 아니라 형이상학적 주체, 즉 세계의 일부가 아니라 그 한계이다."라고 했던 것이다. 그것은 경험적으로 파악될 수 있는 대상은 아니지만 분명히 존재하는 그 무엇이다.

토착민의 기분으로

마침 중간고사와 부활절 휴가가 겹쳐서 충분한 시간적 여유를 가지고 은곡에 다시 올 수 있게 되었다. 이번에는 철학적 사색에 젖는다든가 무슨 논문을 구상하기 위해서가 아니라 집을 수리하고 주변을 정리하러 온 것이다. 집을 수리한다고 해도 대대적인 보수공사를 하는 것이 아니고 지난겨울에 무너진 흙벽을 블록으로 메우고 언제인가부터 없어진 툇마루의 기둥 하나를 버티어 넣으려는 것이다. 집이 워낙 낡아서 이것을 제대로 고치려면 차라리 새로 짓는 것이 낫다는 것이 이곳 주민들의 의견이다. 정확히 알 수는 없어도 팔순에 접어든 김씨에 의하면 이 흙집이 약 150년은 되었을 것이라고 한다.

나는 최씨가 소개한 목수 한 사람의 도움을 얻어 작업을 시작하였다. 소나무 기둥은 최씨와 내가 뒷산에서 베어 온 것이다. 목수인 김씨는 잭도 없이 지렛대를 써서 나무 기둥으로 내려앉은 처마 끝을 들어올리고 버팀목을 끼워 넣었다. 그것이 우리 조상들이 즐겨 사용하던 전통적인 방법이라고 김씨가 일러주었다. 비록 비능률적이기는 하였으나 150년 전에, 혹은 그보다 훨씬 더 오래전에 우리의 조상들이 집을 짓는 모습을 직접 목격하는 것 같아서 매우 흥미로웠다. 그러나 여하튼 낡아빠진 집에 기둥 하나를 끼워넣는 데 하루해가 꼬박 저문다는 것은 아무래도 개선해야 할 점이 아닐까.

나는 공사를 돕는 한편 틈틈이 마당 한구석에 무너져내린 축대를 쌓아올리기도 하고 뒤뜰의 샘물이 흘러가는 것을 막고 웅덩이를 파서 작은 연못을 만들기도 하였다. 또 앞으로 비가 많이 내리면 생길 수도 있는 산사태에 대비하여 미리 물길을 파놓기도 하였다. 이러한 일들은 아파트 생활에서는 좀처럼 맛볼 수 없는 육체적 노동의 독특한 쾌감을 느끼게 한다. 인부들이 공사를 끝낸 후에도 나는 거의 자정이 넘도록 칠흑 같은 마을에 외등을 환하게 켜놓고 공사를 계속하였다. 자주 올 수 없는 이곳에서 봄맞이 준비를 한다는 것은 즐겁지만 또 외롭고 고달픈 일이다. 한 시경에야 자기가 손수 지은 움막에서 몸을 쉬는 토착민의 기분으로 잠자리에 누웠다.

모를 심으며

오늘은 이 작은 산골 마을에서 모판 작업이 시작되었다. 마침 날씨도 쾌청하여 이 작업을 하기에는 안성맞춤이고 동리 사람들이 모두 활기에 차 있었다. 물론 나도 합세하여 서투르나마 일손을 돕고자 애썼다. 일 년 중에서 가장 큰 행사인 벼를 심는 일에 모두 합심하여 서로 돕는 모습은 바람직할 뿐 아니라 아름답기까지 하였다. 그것은 인간이 사회적 동물로서 그 면모를 과시한 최초의 광경이었을지도 모른다. 남녀노소가 문자 그대로 식량을 마련하기 위하여 모두 논두렁에 모여서 일을 하는 것이다. 이렇게 모였다는 것은 인간의 경우 자기가 먹을 양식은 스스로 마련해야 하고, 그러나 그것은 독자적인 개인의 힘만으로는 불가능하다는 것을 의미한다.

모판 작업은 모내기와는 다르다. 그동안 볍씨를 플라스틱으로 만들어진 틀 속에 뿌려서 싹이 튼 것을 잘 길러 곱게 다듬어진 논바닥에 배치하는 작업이다. 이것이 다시 한 달 정도 이곳에서 적응하여 자라난 다음에야 비로소 모내기를 할 수 있다. 그러므로 이 작업은 인간에게 아동기를 시작하는 초등학교 입학식 행사나 마찬가지로 중요한 일이다. 이 작업이 제대로 진행되어야 모를 낼 수 있도록 어린 벼가 순조롭게 자라나기 때문이다. 그렇기 때문에 이곳 주민들은 철없는 어린이를 다루듯 매우 조심스럽게 모판을 다루고 이것을 질서정연하게 배치한 다음 비닐로 정성껏 지붕을 만들어 씌운다. 여기서 나는 우리가 일시적으로 무심하게 먹어치우는 쌀 한 톨이 얼마나 소중한 존재인가를 새삼스럽게 실감했다. 그리고 이것을 생산하는 작업에 조금이나마 참여할 수 있었던 것이 무척 자랑스러웠다.

아침식사 후 점심을 들기 전에 먹는 '새참' 시간은 언제나 매우 즐겁고 흥미있다. 이 시간에는 뜨거운 밥과 고추장, 김치 외에 각종 산나물과 막걸리까지 곁들이는데, 그것은 노동이 단순히 보람있는 일일 뿐만 아니라 즐겁고 흥겨운 일이기도 하다는 것을 체험할 수 있는 순간이다. 활짝 핀 복숭아꽃과 자두꽃이 어우러진 나무 아래서 파릇파릇하게 솟아나는 새싹의 언덕을 바라보고 술잔을 돌려가며 땀의 의미를 체험하는 것은 분명히 소중한 경험임에 틀림없다. 이 시간에 농부들은 생활 주변의 가벼운 잡담을 나눌 뿐 아니라 해충의 피해를 걱정하기도 하고 추수의 환희를 미리 당겨서 맛보기도 하는 것이다. 참으로 노동의 진미를 맛본 사람만이 휴식의 즐거움을 경험할 수 있으며 더 나아가서는 인생의 의미를 진정으로 음미할 수 있을 것이라는 생각이 든다. 그리고 이것이 만약 사실이라면 노동은 로크(John Locke)가 생각했던 것보다는 훨씬 더 광범위하고 중요한 의미를 지닌다고 보아야 할 것이다.

로크에 의하면 노동은 자연을 가공하여 생존의 수단을 얻게 하는 작업이며, 이러한 작업을 통해서 개인의 소유를 정당화하는 근거가 되기도 한다. 그러나 실제로 사람들과 어울려서 진지하게 노동에 참여하다 보면 그것은 단순히 생존수단을 획득하는 방법이 아니라 마르크스(Karl Marx)가 주장하는 바와 같이 인간적 존재의 양식 그 자체임을 실감할 수 있다. 그는 인간이 노동을 통해서 원숭이로부터 진화해왔다고 지적하고 노동을 하면서 다른 사람들과 어울리는 동안 언어를 창출하게 되었으며, 언어에 의한 의사소통 과정에서 인간은 그 본질인 사회성을 형성하기에 이르렀다고 역설했던 것이다. 새참을 즐기는 동안 나는 다소 과장된 표현이기는 하지만 마르크스가 주장한 것처럼 인간의 본질은 노동이며 그 목표는 자아의 실현이라는 것을 체험할 수가 있었다.

이 마을 전체의 모판 작업은 오후 늦게야 마무리가 되었다. 나는 뒤곁의 샘터에서 물을 길어다가 냉수마찰을 하였다. 온종일 땀을 많이 흘렸지만 아직 날씨가 쌀쌀하였으므로 바짝 긴장하지 않으면 안 되었다. 그러나 냉수마찰은 내가 대학 시절 검도에 몹시 심취했을 때 익혀두었던 것이므로 아주 서툴지는 않았다. 다만 오래간만에 해보니 새삼스럽게 감회가 어릴 뿐이다.

저녁에는 베토벤의 〈전원교향곡〉을 들으며 밤늦게까지 노동의 개념에 관한 책을 뒤적거렸다. 특히 마르크스와 베버의 노동개념을 비교하는 것이 흥미로웠다.

봄비 내리는 산골

오늘 아침에는 유난히 봄기운이 온 누리에 뻗쳐 있음을 느끼겠다. 어김없는 계절의 변화에 다만 숙연함을 표시할 뿐이다. 언 땅 속에 묻혀 있던 온갖 생명이 이제 활짝 기지개를 펴고 있다. 새싹들이 여기저기에서 고개를 내밀고 이제 막 올챙이 신세를 벗어난 햇개구리들이 여기저기에서 뛰논다.

낮에는 뒤뜰에서 꽃뱀 한 마리를 보았다. 아직 날씨가 쌀쌀한 탓인지 제대로 움직이지 못하였다. 나는 막대기로 그것을 조심스럽게 들어서 도랑 근처에다 옮겨놓았다. 그것이 앞으로 어떻게 될지 나로서는 알 수 없다. 다만 집 근처에서 얼씬거리지 말아주기를 바랄 뿐이다. 나도 저희들을 잡거나 해칠 용의가 없으니 저희들도 내 주위에서 사라져주기를 바란다는 것이다. 여하튼 나에게는 기분 좋은 존재가 아니니까.

사실 이곳 생활에서 가장 신경을 많이 쓰게 하는 것이 여기저기에서 가끔씩 나타나는 뱀들이다. 처음 그것들을 목격했을 때 나는 솔직히 당황하지 않을 수 없었다. 아마 시골 생활을 해본 적이 없는 내가 뱀의 모습이나 생리에 익숙하지 못했기 때문일 것이다. 뱀은 언제 어디에서나 마구 나타날 것만 같았고, 아름다운 풍치를 감상하다가도 그 속에서 꿈틀거리는 뱀을 두리번거리며 찾는 것이 예사였다. 실제로 나는 뱀 그 자체보다는 뱀에 대한 나의 관념에 예속되어 있었고 실제로 있을 수 있는 뱀의 공격보다는 그 공격에 대한 공포에 완전히 속박되어 있었던 셈이다.

그렇다면 이곳 사람들은 뱀에 대하여 어떤 생각을 하는 것일까. 최씨에 따르면 자기는 별로 무서움을 느끼지 않는다고 한다. 오히려 눈에 띄면 잡아다가 보약을 만들고 싶은 충동을 느낀다고 한다. 그 이유로 우선 뱀은 이쪽에서 가만히 있을 경우 먼저 공격해 오지 않는다는 것이다. 어쩌다가 실수로 꽃뱀을 밟아서 발목을 물렸다고 해도 약간의 상처를 입을 정도니까 공포를 느낄 필요는 없다고 한다. 물론 독사는 위험한 동물이다. 그러나 이 근처에서 독사를 발견하기는 매우 드문 일이고 혹시 발견했다고 해도 조심스럽게 옆으로 피해 지나가면 그만이라는 것이다. 이러한 정도의 상식을 가지고 풀섶으로 들어갈 때 장화를 신고 조금만 조심하면 전혀 문제가 없다는 것이 최씨의 견해였다.

그러나 이러한 견해가 어느 정도 도움을 줄 수 있어도 뱀에 대한 공포를 완전히 해소시켜주지는 못한다. 그리하여 이곳에 올 때는 반드시 약방에 들러서 뱀과 상극이라는 백반을 여러 개 사다가 집 주위에 뿌려놓지만 작년에만 해도 마당 한복판에까지 뱀이 기어 들어와서 혼이 난 적이 있다. 올여름에도 뱀과 신경전을 벌이려니까 공연히 언짢아진다. 문득 저 노예 출신의 스토아 철학자 에픽테투스의 말을 생각하니 어느 정도 위안이 된다. 그는 〈교설〉에서 이렇게 말한 적이 있다.

> 사람의 마음을 불안하게 하는 것은 사건들이 아니라 사건들에 관한 그들의 판단이다. 예를 들면 죽음이란 전혀 두려운 것이 아닐 뿐 아니라 그것은 바치 소크라테스가 생각했던 것과도 같은 것이다. 참으로 죽음에 관하여 두려운 것이 있다면 죽음이 두렵다고 하는 인간의 생각일 뿐이다.

그러나 꽃뱀 한 마리가 우연히 뒤뜰에서 눈에 띄었다고 해서 구태여 소크라테스의 비장한 철학적 순교까지 염두에 둘

필요는 없을 것이다. 스토아 학파의 철학자들이 자연과 사귀고 자기 자신을 자연의 일부로 자처함으로써 마침내 자연 그 자체와 일체감을 느끼려 했듯이 뱀을 극복하기 위하여 우선 뱀을 정확하게 이해하고 사귀어두지 않으면 안 될 것이다. 그렇게 함으로써 우선 뱀에 대한 공포로부터 벗어나는 일이 중요하다.

나는 날이 저물도록 뱀에 대한 자료를 이리저리 찾아보았다. 그러나 그것은 뱀 연구가로서의 지적 탐구는 아니었다. 차라리 그것은 뱀에 대한 심미적 탐구에 가까웠다. 그 어떤 뱀에 대한 기록보다도 화가인 천경자千鏡子 씨의 〈사군도蛇群圖〉가 더욱 강한 인상을 심어주었다. 그것은 공포의 대상이라기보다는 아름답고 감히 접근하기 어려운 예지 같은 것을 담고 있는 것 같았기 때문이다. 실제로 그녀는 어느 대담에서, "나는 고독할 때마다 뱀을 그리고 싶었다. 뱀은 구상적으로는 징그럽지만 추상적으로는 아름답고, 또한 슬기롭다."라고 말한 적이 있다. 어떻게 그 징그럽고 위험한 뱀이 한 송이의 꽃처럼 탐스럽고 아름다우며 슬기롭기조차 할 수 있는지 나로서는 아직 가늠하기 어렵다. 자연을 바라보는 한 예술가의 안목이 극히 파격적이고 또 탁월하다는 생각을 해본다. 예술가의 인식 능력은 어느 정도이며 예술 작품의 인식 기능은 어떤 성격을 지니고 있는 것일까.

오후 늦게부터는 촉촉하게 봄비가 내렸다. 나는 그것이 대지를 적셔주고 만물의 소생을 촉진시켜줄 뿐만 아니라 얼어붙은 인간들의 심성을 녹여주고 경직된 사고의 체계에 생명력을 불어넣는 기능도 동시에 수행해주기를 바랐다. 오늘 저녁에도 어둠과 함께 찾아온 막연한 적막감을 혼자 감당해내기가 무척 어렵다.

곰이의 슬픈 두 눈

이번 은곡행에는 집에서 그동안 기르던 애완용 강아지 '곰이'와 동반하였다. 이 개는 6개월 전에 산 발바리의 일종으로 그동안 아이들과 어울리며 한 식구 노릇을 충분히 해왔는데, 점점 자라나면서 아파트에서 생활하기가 부담스럽고 최근에는 너무 짖어대어서 이웃에 불편을 끼치기까지 하였다. 은곡에 혼자 있노라면 적적할 때가 많기 때문에 이곳에 데리고 오면 나에게도 좋고 곰이도 자연의 아름다움과 자유스러움을 실컷 만끽할 수 있으리라고 생각하였다. 과연 예상한 대로였다. 나도 심심치 않을 뿐 아니라 곰이도 야산 언덕이며 밭고랑 사이를 마음껏 뛰노는 것을 보니 한결 마음이 가벼워졌다. 그러나 그것은 잠시뿐이었다.

곰이는 우선 염소와 맞대결을 벌였다. 염소는 묶여져 있는 상태이고 곰이는 자유롭게 사방에서 공격을 하니 싸움이 이쪽에 유리하게 전개되는 것은 당연하였다. 그러나 이 염소를 먹여서 새끼를 내어 생계를 유지해야 하는 이웃집 박씨에게는 결코 즐거운 일이 아니었다. 그뿐이 아니다. 곰이는 논두렁이며 밭고랑 사이를 마구 쏘다녔고 여러 곳의 농작물을 헤쳐놓는가 하면 순식간에 아랫집 김씨 노인의 중닭을 물어 죽였다. 이 모든 것이 서너 시간 사이에 일어났다. 내가 짐을 정리하고 집안을 청소한 다음 몇 자 들여다보는 동안이었다. 내가 곰이를 의식하고 찾아다녔을 때에는 이미 때가 늦었다. 어둑어둑해 질 때에야 비루소 나는 이 개를 찾아서 붙잡아 매어둘 수가 있었다.

아파트에 가두어서 기르는 것이 가엾어서 은곡에 데리고 왔지만 불과 몇 시간 만에 쇠줄에 묶여서 갇혀 있을 수밖에 없게 되었다는 것은 곰이나 나 자신에게 매우 유감스러운 일이 아닐 수 없다. 그러나 그것은 곰이의 행태로 보아서 극히 당연한 일이기도 하였다. 곰이는 스스로 자기 자신의 속박을 자초한 셈이다. 만약 이 개가 바람직하게 행동해주었다면, 다시 말해서 다른 집 가축이나 농작물에 피해를 주지 않고 내 지시를 잘 따라주며 산책을 같이 즐길 수 있었다면 반경 2미터의 공간에 다시 갇혀버릴 이유가 없었을 것이다. 그러나 어떻게 한 마리의 개에게 완전한 자유와 책임을 기대할 수 있을 것인가.

나는 곰이가 수선을 떠는 바람에 오늘 하루 이 한적한 마을에서 조금도 심신을 쉴 수가 없었다. 그 개는 나의 외로움을 달래주고 자연의 아름다움을 서로 나눌 수 있는 동반자의 역할을 전혀 해내지 못하였을 뿐 아니라 이곳에서의 생활 리듬을 마구 헤쳐놓고 오히려 폭군으로서 내 위에 군림한 것이다. 그러나 정작 충격적인 것은 그렇게 함으로써 곰이는 나에게 사회철학적 주제에 관하여 오히려 많은 것을 실증적으로 가르쳐주었다는 점이다. 무엇보다도 '사회적 동물'로서의 인간은 본질적으로 동물의 일종이라는 사실을 실감하게 해주었다. 사람들은 곰이처럼 동물적 본능에 따라 행동함으로써 스스로 자유를 포기하고 자기를 노예화한다. 곰이가 염소나 닭들을 업신여기고 농작물을 마구 짓밟듯 다른 사람들을 무시하고 해침으로써 우리들은 스스로 자율성을 헌납하고 있는 것이 아닐까. 그리하여 곰이가 은곡마을을 헤집어놓듯이 우리는 우리의 사회와 자연환경을 황폐하게 만들고 있는지도 모른다.

하루를 온통 곰이에게 바쳤다고 생각하니 아쉬운 느낌이 들었다. 그러나 곰이의 행태를 통하여 인간의 조건에 관하여 많은 것을 배웠다고 생각하니 한편 고마운 마음도 들었다. 나는 묶여 있는 곰이의 슬픈 두 눈을 밤늦게까지 바라보면서 충동과 자율이 어떻게 양립될 수 있는지를 궁리해보았다.

산촌의 여름

잡초와 우리의 삶

대학에 근무하는 사람이라면 누구나 학기말이 다가올 때 무척 바쁘게 마련이다. 내 경우에도 학기말 시험을 치르고 그것을 채점하며 졸업논문을 지도해야 할 뿐 아니라 학회의 각종 모임도 이즈음에 한꺼번에 몰린다. 더구나 그동안 밀려 있던 논문들도 학기가 지나가기 전에 마무리해야 한다. 정말 눈코 뜰 새 없이 바쁜 나날들이었다. 어떻게 보면 그것은 철학을 하는 일과 아무 상관도 없는 세월들이었다는 생각을 하게 된다. 여하튼 나는 적지敵地에서 탈출해 나온 패잔병처럼 단숨에 이곳 산촌으로 달려왔다.

여기서 정작 나를 반갑게 맞이해준 것은 앞마당을 비롯해서 집 주위에 무성하게 자라나 있는 잡초들뿐이었다. 이곳 주민들은 한여름이 잡초와 싸우는 동안 속절없이 지나간다고들 하는데, 나는 이 집을 거의 한 달 가까이 비워두었으니 다니던 길을 알아보기가 어려울 정도로 잡초가 많이 퍼져 있는 것도 결코 무리가 아니다. 짐을 풀기가 무섭게 적군처럼 포위망을 좁혀 온 잡초와 문자 그대로 '전쟁'을 벌였다. 너무 무성하여 미처 접근하기가 어려운 부분은 먼저 괭이로 가지를 쳐낸 다음 낫을 사용할 수밖에 없었다. 아직 낫질이 서툴러서인지 공연히 힘만 많이 들고 별로 능률이 오르지 않았다. 풀섶에 숨어 있던 모기 떼들이 달겨들어 팔뚝이며 얼굴, 목 등을 마구 물어뜯어서 작업하기가 더욱 곤란하였다. 개울가에서는 뱀도 조심하지 않으면 안 된다. 습기가 많은 곳에는 미리 백반 가루를 뿌린 다음 접근하였다. 뱀들이 나를 먼저 피해주기를 바라기 때문이다.

제초작업에서 가장 어려운 점은 잡초밭이 되어버린 화단을 정리하는 일이다. 잡초의 넝쿨을 무차별로 제거하는 것은 오히려 어려운 작업이 아니지만 그 사이로 탐스럽게 피어오른 화초를 상하지 않도록 조심하노라면 시간과 노력이 훨씬 더 많이 소모되게 마련이다. 온갖 역경을 딛고 내가 올 때까지 기다려준 야생란이며 분꽃, 봉숭아, 해바라기, 옥잠화들이 무척 대견스럽게 여겨졌다. 이렇게 해서 거의 해가 기울 무렵에야 겨우 집 꼴을 다시 찾게 되었다.

땅거미가 짙어지자 땀과 먼지로 뒤범벅이 되고 벌레와 풀에 쏘여서 근질근질한 온몸에 시원한 샘물을 끼얹은 다음 저녁 준비를 하며 모기를 쫓기 위해 마당에다 모닥불을 피웠다. 이윽고 무럭무럭 피어오르는 연기를 바라보면서 나른한 몸을 마루에 눕힌 채 한동안 잡초에 관한 상념에 젖었다. 잡초란 무엇인가. 물론 거기에는 식물학적인 답변이 있을 것이다. 가령 무슨 과에 속하는 식물로서 번식력이 강하고 특히 습기가 많은 곳에서 잘 자란다는 등의 설명 말이다. 그러나 내가 알고 싶은 것은 그러한 종류의 답변이 아니다. '잡초'라는 어휘로서 우리가 일반적으로 말하고자 하는 것은 무엇인가. 왜 우리는 잡초를 항상 나쁜 것으로 여기고, 그렇기 때문에 그것은 반드시 제거되어야 하는 그 무엇이라고 생각하는가.

나는 여기저기에 수북하게 쌓인 잡초 무더기를 바라보며 그것은 단순히 잡초이기 때문이 아니라 '잡초'라는 의미가 지니는 여러 가지 부정적인 측면 때문에 더욱 푸대접을 받는 것이 아닌가 하는 생각을 해보았다. 우선 잡초는 어디에서나 잘 번식한다는 특징이 있다. 그러나 그 자체로서는 나쁜 것도 아니고 좋은 것도 아니다. 어떤 것이 잘 번식한다고 해서 왜 반드시 나쁘다고 여겨야 하는가. 만약 잡초가 나쁜 뜻을 지닌다면 아마 그것이 너무 퍼져서 다른 식물들을 못 자라게 할 뿐 아니라 사람들에게도 불편을 끼치기 때문일 것이다. 그리고 그 '다른'

식물이라는 것이 결국은 사람들에게 어떤 의미로는 이득을 가져다 주기 때문에 마침내 잡초는 '나쁜' 풀로 간주되기에 이르렀으리라. 이것이 사실이라면 잡초가 나쁜 풀이라는 생각은 오로지 인간과의 관계를 통해서만 의미를 지니는 셈이다. 스피노자(B. Spinoza)가 "자연 상태에서는 일반적 동의에 의해 선이나 악이라고 부를 수 있는 것은 존재할 수 없다."고 말한 것은 바로 잡초에도 적용될 수 있지 않을까. 그는 또 〈윤리학〉에서 이렇게 말한다.

> 선과 악이라는 말은 그 자체에 있어서 고찰된 아무것도 적극적으로 지칭하지 않는다. … 왜냐하면 동일한 사물이 동시에 선이 되고 악도 되며, 선도 악도 아닌 것이 될 수도 있다. 예를 들어, 음악은 우울증에는 선이 되고 애도자에게는 악이 되며 죽은 사람에게는 선도 악도 아니다.

사실 잡초가 그 자체로서 나쁜 것이 아니라면 마치 적군을 몰살시키듯이 제초제를 뿌리며 근원적으로 제거하려고 애쓸 필요는 없을 것이다. 다른 식물들이 자라는 데 방해가 되지 않을 정도로 가꾸어주고 사람들이 생활하는 데 불편하지 않을 정도로 다듬으면 충분할 것이기 때문이다. 그리고 이러한 제초의 원리를 교육의 이념에 적용해보면 많은 도움을 얻으리라고 생각된다.

우리는 흔히 바람직한 삶과 이상적인 인간형을 염두에 두고 교육이 어떤 방향으로 전개되어야 하는지를 궁리한다. 그러나 그러한 것을 지향한다는 것은 매우 어려운 일일 뿐만 아니라 실제로 그것이 무엇인지 가늠하기도 좀처럼 쉬운 일이 아니다. 특히 오늘날과 같이 교육이 많은 문제점을 노출하고 있는 이유도 바로 여기에 있을 것이다. 그렇다면 구체화하기도 어렵고 또 실현할 수도 없는 이상을 너무 의식하고 완벽주의로 나갈 것이 아니라 제초작업을 하듯 남을 해롭게 하는 인간이 되지 않도록 유도하기만 하면 되지 않을까. 다시 말해서 아직 자라나고 있는 청소년을 부모나 스승의 마음에 들도록 인위적으로 다듬으려 하지 말고 사회에 해독을 끼치지 않는 범위 안에서 한껏 이상을 펴고 자기를 실현하도록 돕는 것이 더욱 바람직하지 않을까. 나는 밤이 깊도록 계속 모닥불을 지피며 잡초의 존재가 우리의 삶과 교육에 함축하는 의미가 무엇인지 가늠하려고 애썼다.

고구마 심는 날

오늘은 개울가의 60평 남짓한 밭에 고구마를 심는 일로 하루가 지나갔다. 나는 지난 몇 년 동안 이 밭에서는 누구의 도움도 빌리지 않고 나 자신의 힘으로만 농사짓기를 고집해왔다. 무엇보다도 나는 어떤 식물이 한 알의 씨앗으로부터 어떠한 과정을 거쳐 성장하며 마침내 성숙한 열매를 맺는지 관찰하고 또 그 성장을 힘이 자라는 한 도와주고 싶었다. 그리하여 밭고랑을 직접 파서 일구고 틈틈이 김을 매는가 하면 폭우가 쏟아진 다음에 쓰러진 것을 일으켜세우고 가뭄에는 물을 길어다 부어주기도 했다. 그러나 이 모든 의욕과 노력은 결국 매년 수포로 돌아가고 말았다. 그것은 물론 내가 농사의 전문가가 아니기 때문이기도 하지만 현실적으로 농사일에만 전념할 수 없는 입장 때문이다. 보통 한 달에 한 번, 아주 빨라야 2주에 한 번 정도 이곳에 올 수가 있고, 그것도 책을 읽고 글을 쓰는 동안 틈을 내어 밭일을 보니까 뜻대로 될 리가 없다. 가령 작년에는 참외와 수박, 오이 등을 심었으나 비료도 못 주고 잡초도 뽑아주지 못하였기 때문에 거두어들인 것이 거의 없었다. 이곳 주민들의 충고에 따라 고구마를 심게 된 것도 바로 그러한 사정 때문이었다. 시기를 놓쳐서 다른 것을 심을 수도 없거니와 고구마는 자주 돌보지 않아도 비교적 잘 번식하여 수확량이 높다는 것이었다.

나는 될 수 있는 대로 밭고랑을 깊게 파고 고구마 순을 촘촘히 심었다. 10월 중순께에는 팔뚝만 한 고구마를 광주리에 가득 담아서 친척이며 친지들에게 나누어줄 것을 상상하니 공연히 신바람이 나서 힘든 줄도 몰랐다. 날이 몹시 가물었으므로 흠뻑 물을 주다가 보니 벌써 하루해가 저물고 말았다.

저녁에는 월간 ≪신동아≫에서 청탁한 서평을 겨우 마무리

할 수가 있었다. 그것은 서울대학교 철학과의 차인석 교수가 최근에 펴낸 ≪사회의 철학≫을 검토하는 것으로서, 여러 군데 생소한 주제가 다루어져 있었으므로 이곳에 온 후 상당한 시간을 할애하여 나로서는 아주 신중하게 이 작업을 해왔다. 고심 끝에 마무리를 지으니 매우 홀가분해졌다. 더구나 이 책의 주제가 노동의 철학적 분석에 관한 것이므로 이곳에 와서 읽으니 더욱 실감이 난다. 오늘은 노동을 이론화하고 또 그 이론을 실천에 옮긴 셈이다.

그리워하기 위하여

어제 마무리한 서평을 ≪신동아≫에 부치기 위해 오래간만에 읍에 나가보았다. 집의 일이 궁금하여 전화를 해보았는데, 별일이 없으니 안심하라는 것이 아내의 답변이었다. 맏이가 지금 대학 입시 준비에 한참 정신이 없을 터이니 그것 자체가 '별일'이 아닐 수 없으므로 나는 아버지로서의 소임을 다하지 못하는 것이 미안할 뿐이었다. 그러나 지금 단계에서는 수험생인 맏이를 위해서 내가 특별히 해야 할 일은 없다는 것이 아내의 말이었다. 아마 내가 항상 곁에서 관심을 쏟고 참견을 하면 오히려 강박관념이 생겨서 방해가 될 수도 있다는 뜻일까? 그러나 웬일인지 나는 그 말을 액면 그대로 받아들일 수가 없다. 이곳에 이렇게 오랫동안 혼자 와 있는 것이 아무래도 떳떳하지는 못하다. 타이티 섬으로 떠난 고갱은 어떠한 심정이었을까.

읍에서 돌아와서는 최씨의 가축 돌보는 일을 도왔다. 주로 소죽을 마련하는 일인데, 나는 서투르나마 그동안 쌓아둔 볏짚을 지게로 잔뜩 져다가 축사로 날랐다. 날씨가 무척 더웠으므로 체면을 차릴 겨를도 없이 옷을 훨훨 벗어젖히고 지게질을 할 수밖에 없었다. 어떤 의미로도 오늘 나는 한 사람의 '선비'가 아니었다. 폭염 속에서는 정신력이 저하되고 사고와 판단의 기능이 제구실을 하지 못하므로 윤리적 기준도 어느 정도 낮아져야 할지 모른다는 생각을 해본다.

오늘 아침에 집에 전화를 했기 때문인지 저녁에는 식구들이 몹시 그립고 적막감이 그 어느 때보다도 강하게 엄습해왔다. 무더위와 모기 떼들의 지속적인 공격도 나의 쓸쓸함을 해소하는 데 도움이 되지 못하였다. 나에게는 그리움이 필요하고 그리하여 누구인가를 구체적으로 그리워하기 위해서 이곳에 오는지도 모른다. 아내나 아이들뿐만 아니라 친구들과 학생들, 아니 나를 아는 모든 사람들을 그리워하기 위해서 나는 이 산골 마을에 파묻혀 있는지도 모르는 것이다.

오늘은 이 마을 노인들이 이른바 '경로여행'을 가는 날이다. 버스를 한 대 대절하여 아산만을 거쳐서 온양이며 수덕사 등지를 돌아올 계획이다. 나도 무엇인가 돕기 위하여 아침 일찍부터 짐을 나르고 관광버스가 대기하고 있는 곳까지 은곡 사람들을 내 승용차로 태워다 주기도 하였다. 차가 떠나기 직전 책임을 맡은 노인에게 보조비 얼마를 쥐어주고 무사히 다녀오기를 기원하였다. 차창 밖으로 손을 내젓는 노인들 가운데서 나는 무의식적으로, 그러나 황급히 부모님의 모습을 찾고 있었다. 아직 철이 들기도 전에 여읜 그분들의 모습을…….

존재한다는 것의 의미

어제는 밤늦게까지 이달 19일과 20일에 개최될 국제 철학 학술대회에 발표할 논문을 손질하느라고 밤잠을 설쳤다. 아침에 늦잠을 자고 일어나니 머리가 무거웠다. 나는 햄과 우유로 간단히 아침식사를 마친 다음 차로 약 20분 거리에 있는 바닷가로 갔다. '성구미'라고 불리는 이 작은 어촌은 서해안고속도로가 완성되면 어로작업이 불가능해져 사실상 폐쇄될 운명에 놓여 있다고 한다. 이곳에 자주 올 시간은 없으나 은곡에서 아주 가까운 거리에 바닷가가 있다는 것은 다행스러운 일이므로 그 기능이 마비되지 않기를 바랄 뿐이다.

나는 조금씩 내리는 안개비를 맞으며 바닷가를 따라 천천히 걸었다. 여전히 열흘 후에 발표할 논문의 주요 논변에 관해서 고심할 수밖에 없었다. 그것은 우리나라에서 최초로 거행된 본격적인 국제 철학학술회의로서 〈인류 번영에로의 길 : 철학적 조망〉이라는 주제로 네 분과로 나뉘어서 20여 개 나라에서 온 철학자들이 집중적인 토의를 벌이도록 되어 있다. 나는 '문화, 예술 및 이데올로기'를 주제로 하는 제3분과에서 〈현대적 상황에 있어서 삶의 심미적 측면〉이라는 논문을 발표하도록 예정되어 있다. 이 논문에서 나는 현대를 자본주의적 상업주의, 개인주의적 자유주의 및 기술주의적 과학주의로 규정짓고 이러한 시대적 특징은 우리를 비인간화와 자아의 상실의 상태로 몰아가는데, 그 이유는 주로 과학주의로 대표되는 인식적 가치가 공리주의적 사고와 결탁하여 가치의 불균형을 초래한 데서 찾을 수 있다고 주장하였다. 그러므로 사물이나 인간을 이해관계를 통한 유용성 위주로 평가할 것이 아니라 칸트가 지적했듯이 무관심성과 가상성을 강조하는 심미적 관점에서 바라볼 때 가치의 균형을 회복할 수 있음은 물론 현대인이 또 하나의 '암흑시대'로부터 헤어날 수도 있다는 결론에 도달한 것이다.

사실 이러한 견해는 아주 오래전부터 가지고 있었으나 이곳 은곡에 와서 더욱 확신을 갖게 되었다. 이 산골 마을의 순박한 주민들도 해가 바뀔수록 눈에 띄게 상업주의에 물들어가고 있으며 수단과 방법을 가리지 않고 수확의 양을 증진시키기에만 여념이 없는 태도가 요즈음 아주 뚜렷해졌다. 아름다운 산촌에서 살아가는 자신들의 특권을 잊은 채 농부로서의 자긍심을 저버리는 경향이 나타나고 있는 것이다. 그러나 이것은 현상을 있는 그대로 파악하는 태도가 아니며 자기의 삶을 극대화하는 자세도 아니다. 주민들과 어울릴 기회가 있을 때마다 인생에는 돈이나 재산보다 더 가치 있는 것이 얼마든지 있다는 것을 역설하였으나 별로 설득력이 없는 것 같았다. 여하튼 이번에 발표할 논문의 요지는 이 산골 마을에서 구체화되었고 그 결론은 농민들과의 대화를 통해서 더욱 확고해진 것이다.

나는 점심때가 훨씬 지나서 산골 마을로 다시 돌아왔는데, 줄곧 내 머리를 꽉 채운 것은 심미적 가치의 자율성에 관한 것이었다. 그 광활한 바다가 어부들의 어획량만을 위해 존재하는 것이 아니고 그 아름다운 산천초목이 농부들의 농산물만을 위해 창조된 것이 아니라면 어떤 의미로든 심미적 가치의 자율성은 인정되고 또 존중되어야 한다는 생각이었다.

오늘 밤에는 아주 짙은 안개가 이 산골 마을 구석구석에 깔렸다. 때마침 중천에 솟아오른 달이 거의 만월에 가까워서 안개 속에 파묻힌 산촌의 풍치를 더욱 신비스럽게 비춰준다. 저녁에 최씨네서 대접한 찹쌀 막걸리를 몇 잔 마셨기 때문인지 눈앞에 펼쳐진 정경이 도무지 실재하는 것으로 느껴지지 않는다. 이 산촌이 지니고 있는 본래의 모습은 어떤 것일까. 아니 그러한 것이 있을까. 그것을 지각하는 사람들과의 관계를 넘어선 객관적이고도 원초적인 이 산촌의 모습이 있을 수 있단 말인가. "존재한다는 것은 지각된다는 뜻이다."라고 주장한 버클리(G. Berkeley)의 말이 그 어느 때보다도 실감나는 밤이다. 나에 의해서 지각되지 않는 것은 존재한다고 말할 수 없다는 것이다.

여하튼 안개는 평상시에도 '관념적'이라는 말을 자주 듣는 나를 오늘 밤 더욱 관념적인 분위기에 젖도록 해주었다. 안개 속에 파묻혀서 모든 것이 희미해졌을 때 나는 그 실재성을 더욱더 실감할 수 있기 때문이다. 사물들이, 아니 존재하는 것은 모두 감각기관으로부터 차단되었을 때 비로소 그 본래의 모습을 드러내는 것인지도 모른다.

나그네가 주막집을 다루듯이

오늘 이곳 산골 마을을 향해 달려오는 나의 발걸음은 유난히 무거웠고 내 마음은 그 어느 때보다도 착잡하였다. 그동안 나는 틈만 나면 이곳으로 달려왔지만 단 한 번도 무슨 일이 생겨서 불가피하게 온 적은 없었다. 그러나 이번에는 사정이 달랐다. 집에 도둑이 들었으니 급히 오라는 연락을 받은 지 거의 일주일이 지나서야 겨우 올 수 있었다. 사실 그 소식을 듣는 순간 나는 모든 일을 제쳐놓고 이곳으로 달려오고 싶은 충동을 느꼈으나, 오히려 그렇기 때문에 너무 서둘러서는 안 되는 이유가 있었다. 그것은 어느 정도 예상하기는 하였으나 너무도 충격적인 사건이었으므로 나는 먼저 그 충격을 가라앉히지 않으면 안 되었던 것이다.

실제로 도둑이 든 것은 정확하게 열흘 전이었다고 생각된다. 그때 즉시 연락을 받았기 때문에 아내는 이미 알고 있었으나 내가 국제철학자회의에 참여하여 논문을 발표하도록 예정되어 있었으므로 충격을 받지 않도록 전해주지 않았던 것이다. 그 사실을 안 다음에도 애써 내색을 하지 않으려고 노력하였으나 소용없는 일이었다. 눈만 감으면 이 낡은 흙집이 아른거리며 떠올랐고 책을 볼 때나 다른 사람과 대화를 나눌 때도 느닷없이 머릿속에 나타나서 관심을 집중시킬 수가 없었다. 그것은 멀리 고향에 두고 온 연인이 수난을 당했을 때처럼 고통스럽고 안타까운 일이었다. 어쩌면 그것은 적군에게 성전聖殿이 약탈당했을 때와 같이 수치스럽고 분통 터지는 일처럼 느껴지기도 하였다.

그러나 정작 이곳에 와보니 생각했던 것보다 심각한 일은 아니었다. 물론 이른바 비행 청소년 두세 명 정도가 이 집에 들어왔던 것은 사실이다. 최씨 부인이 그것을 목격했고 소리를 질러서 그들은 타고 온 오토바이마저 버려둔 채로 뒷산으로 달아났던 것이다. 내가 문을 열고 들어와 보니 물건이 조금 흐트러져 있었고 라면을 꺼내 끓여 먹다가 남겨둔 흔적이 있는 정도였다. 이부자리며 옷가지도 그대로 있었고 책들과 헌 가구들도 전혀 손을 댄 흔적이 없었다. 뒷산 언덕 곁에 설치해둔 작은 텐트, 그리고 목검과 죽도도 제자리에 가지런히 놓여 있었다. 만약 지난번 서울로 돌아갈 때 깜박 잊고 아랫방에 놓아두었던 휴대용 녹음기조차 손을 대지 않았다면 그들을 구태여

'도둑'이라고 부를 이유도 없었을 것이다. 내가 이 집에 드나들듯 낯선 손님이 잠깐 쉬었다가 간 정도로 이해할 수도 있었으리라.

그러나 웬일인지 나는 마음을 진정시킬 수가 없었다. 아버지의 고향이며 내 진지한 사색의 보금자리이기도 한 이 신성한 장소에 어떻게 감히 잡인들이 함부로 침투할 수 있단 말인가. 나는 기필코 그 범인들을 색출하여 엄중히 다스리지 않으면 안 되겠다고 결심하였다. 그러나 한편 생각해보면 나에게도 책임이 전혀 없다고 말할 수 없다. 이렇게 외딴 장소에 집을 거의 한 달씩이나 비워두니 그것은 도둑을 불러들인 것이나 마찬가지가 아닌가. 더구나 요즈음 청소년들의 비행이 전국적으로 만연되고 있는데 읍에서 도보로 한 시간 정도의 거리에 있는 이 마을이 안전하기를 바라는 것은 차라리 공상에 가깝다. 여하튼 그들은 왜 이 집에 들어온 것일까. 무엇을 훔치러 온 것일까, 아니면 그냥 호기심 때문에 들어와본 것일까. 앞으로도 계속 들어올 것인가. 오늘 밤에라도 다시 들어온다면 어떻게 할 것인가. 혹시 위험한 사람이거나 정신 이상자들은 아닐까.

나는 저녁 늦게까지 집안을 치우고 정리하면서 착잡한 마음을 가눌 길이 없었다. 잠자리에 들어서도 좀처럼 잠을 이룰 수가 없었다. 어느새 나는 저 노예 출신의 철학자인 로마의 에픽테투스를 떠올리고 있었다. 그는 이렇게 말했던 것이다.

> 어떤 것에 관하여 결코 "나는 그것을 잃어버렸다."고 말하지 말고 "나는 그것을 돌려주었다."고 말하라. 그대의 아이가 죽었는가? 그 아이는 반환된 것이다. 그대는 재산을 상실했는가? 이 재산 또한 반환된 것이 아닌가? 그러나 그대는 "나에게서 그것을 빼앗은 자는 사악하다." 고 말한다. 그러나 준 사람이 그것을 돌려달라고 요구하는 것이 그대에게 어째서 문제가 되는가? 그 사람이 그것을 그대에게 준 동안에는 그것을 돌보되 그대 자신의 것으로 여기지 말라. 마치 나그네가 주막집을 다루듯이 그것을 다루어라.

그래도 여전히 나는 마음의 평정을 찾을 수가 없었다. 물론 나는 이 흙집을 나 자신의 것으로 여기지는 않는다. 될 수 있으면 많은 사람들이 의미 있게 이 집을 이용해주기 바란다. 그리고 마침내 나는 이것을 누구에게든지 돌려주게 될 것이다. 저승으로까지 가지고 갈 도리는 없을 터이니까. 그때까지 내가 철학하기에 필요한 최소한의 여건과 자율성을 침해하지 말아주었으면 하는 작은 소망이 있을 뿐이다.

산촌의 가을

관념론자의 귀향

내일부터 추석 연휴가 시작되고 오늘 수업이 없기 때문에 아침 일찍 출발하여 이곳 산촌에 도착하였다. 혼잡을 피하기 위하여 지난 주일에 성묘를 했으므로 추석을 여기서 지낼 수 있게 된 것이다. 사실 추석날 아침 차례를 선친의 고향인 여기서 모시고 싶어서 미리 용미리의 묘소도 다녀왔고 서둘러서 다른 일도 정리해놓았다. 오래전부터 여기서 부모님의 영혼을 모셔보고 싶었는데 그 간절한 소망을 이번에 풀게 된 셈이다.

그러나 이 산촌에 땅거미가 짙어지고 만월에 가까운 둥근 달이 탐스럽게 그 모습을 드러내자 착잡한 생각이 들고 점차 깊이 묻어두었던 적막감이 스며들기 시작하였다. 원래 사람들은 고향을 떠나 있다가도 명절이 되면 돌아가서 가족과 함께 지내게 마련인데 나는 지금 여기서 혼자 무엇을 하겠다는 것인가. 물론 연휴인 데다 가족들의 양해를 얻었고 이곳에서 마무리해야 할 논문도 가지고 왔기 때문에 내가 아주 터무니없는 짓을 하고 있는 것은 아니다. 더구나 여기가 선친의 고향이니 이번에야말로 진정한 의미로 명절을 맞이하게 된 것이 아닌가. 그러나 아무래도 나는 나 자신을 정당화하기가 어렵다. 태어나서 자란 고장과 가정을 떠나 고향에 와서 혼자 명절을 지내고 있다니. 그럴 듯한 이유를 찾을 수는 있으나 착잡한 마음을 좀처럼 가라앉힐 도리가 없는 것이다.

저녁식사를 간단히 마치고 청명한 달빛을 받으며 산책길에 나섰다. 이제는 아무 쓸모도 없어 보이는 텅 빈 원두막 옆을 지날 때 문득 걸음을 멈추었다. 바위 틈새로 졸졸 흐르는 물소리와 소나무 가지를 가볍게 흔드는 바람 소리가 달빛과 어우러져서 한 편의 서정시를 엮어내고 있었다. 아마 고산孤山 윤선도尹善道의 〈오우가五友歌〉는 이러한 순간의 감흥을 노래한 것인지도 모른다.

> 내 벗이 몇이냐 하니 수석에 송죽이라
> 동천에 달 뜨니 거 아니 기쁘고야
> 아 두어라 이 다섯밖에 또 더하여 뭘하리.

오늘 밤에는 이 유명한 시조가 한 선비의 절절한 외로움을 달래려는 절규로 이해되었다. 그래서인지 이 한적한 산촌이 굽이굽이 한이 서려 있는 유배지로만 느껴졌다. 어쩌면 나는 세속으로부터 이곳으로 유배를 자청하고 있는지도 모른다.

차례를 준비하며

오늘은 이곳에서 첫 번째로 맞이하는 추석날이다. 나는 아침에 일찍 일어나서 차례를 준비하느라고 무척 바빴다. 혼자서 차례를 준비하기는 정말 오래간만이다. 유학 시절에는 무국 재료를 구하느라고 교민들의 상점을 찾아 다른 도시로까지 달려간 적도 있었다. 종교적 예식에는 정성과 정결밖에 더 중요한 것이 없다는 것을 실감하던 시절이었다. 이제 그러한 자료는 모두 이곳에 있고 더구나 그것은 바로 조상의 고향땅에서 나온 과일과 곡물들이다. 얼마나 의미 있고 보람 있는 행사인가.

나는 낡은 병풍을 치고 그 가운데 지방을 붙인 후 집에서 가지고 온 음식과 어제 당진읍에서 마련해 온 것들을 나란히 배열한 다음 향불을 켜고 술을 따라 올렸다. 돌아가신 지 46년 만에, 그리고 고향을 등진 지 거의 100년이 지나서 영혼으로나마 이곳에 다시 선친을 모셨다고 생각하니 술을 따라 올릴 때마다 걷잡을 수 없이 눈물이 솟구쳤다.

이윽고 차례를 끝내고 지방을 태운 다음 음복주를 마시자

마침내 조상님께 고향을 찾아드렸다는 생각이 들어 허탈감이 스며들었다. 만약 부모님의 영혼이 정말 이곳에 와 계시다면 지금 어떠한 심정이실까. 과연 영혼은 불멸하는 것일까. 도대체 그것은 무슨 뜻일까. 나는 영혼이 불멸한다는 철학적 논증들이 타당하다고 생각하지는 않지만 그러나 그것을 부정할 도리는 없다. 실제로 나는 영혼의 불멸을 전제로 해서 제사도 올리고 차례도 지내는 것이 아닌가. 철학적 논증은 종교적 신앙의 형성과 어떤 관계에 있는가. 오래전에 돌아가신 부모님에 대한 나의 생각과 태도는 어떤 성격을 띠는 것일까. 그것은 윤리적인 것인가, 심리적인가. 혹은 종교적인 것인가, 아니면 이것들의 복합적인 형태인가. 나는 이러한 문제들과 씨름하는 동안 이생강의 대금 독주와 신쾌동의 거문고 산조, 그리고 농악을 번갈아 들었다. 오늘만이라도 진정한 의미의 '한국인'이 되고 싶었기 때문이다. 이 땅에 한국인이 존재하지 않는다면 어떻게 한국 철학의 출현이 가능할 것인가.

오후에는 이 한적한 마을이 순식간에 관광지처럼 붐비고 10여 대의 자동차가 몰려들어 큰 혼잡을 이루었다. 뒷산에 여기저기 흩어져 있는 산소의 임자들이 한꺼번에 성묘하러 몰려들었기 때문이었다. 이러한 현상은 이 마을이 생긴 이래 처음 있는 일로 최씨의 설명에 의하면 "웬만한 사람들이 모두 차를 한 대씩 샀기 때문"이라는 것이다. 우리 집 마당까지도 비집고 들어갈 틈이 없을 정도로 여러 대의 차가 잔뜩 밀려 들어와 있었다. 주차할 장소가 충분하지 않으니 이해할 수 있지만 남의 집 마당에 차를 세우면서도 양해를 구하지 않는 것은 매우 유감스러운 일이었다.

문명의 이기利器를 제대로 사용하려면 그 수준에 맞는 인격과 도덕력을 필요로 한다는 생각을 해보았다. 명검名劍을 지니려면 그 이름에 합당한 검술과 법도를 갖추어야 하는 이유와 같다.

자동차 엔진 소리와 낯선 사람들의 왁자지껄한 소음 때문에 농악 연주조차 제대로 감상할 수 없어 울적한 시간을 보내고 있는데 최씨가 저녁 초대를 해주었다. 제대로 차린 시골 음식의 푸짐한 잔치상을 대하니 농촌에서의 명절을 비로소 실감할 수 있었다. 나는 허기진 사람처럼 음식을 이것저것 마구 집어먹고 영혼의 갈증을 해소하려는 듯 동동주를 권하는 대로 모두 마셨다. 확실히 술은, 고향도 아니고 그렇다고 해서 타향도 아닌 이상야릇한 이 산촌에서 홀로 명절을 보내는 나의 외로움을 상당히 덜어주었다.

사실 설날이나 추석과 같은 큰 명절을 기다리는 것은 오랫동안 가보지 못했던 고향에 가서 부모님을 뵙고 또 옛날 친구들도 만나보는 기쁨을 맛보기 위해서일 것이다. 그러므로 무엇보다 명절이란 가족은 물론 그리운 사람들과의 상봉을 의미한다. 그러나 나는 가족과 친지들을 두고 홀로 이곳에 와 있으니 어처구니없는 일이다. 이 동리에서 나를 측은하게 혹은 의

아하게 보는 이유를 이제야 겨우 이해할 것 같다. 아버님과의 연고를 강조하여 그 의미를 찾으려고 애쓰지만 실제로 먼 친척 한 사람 만나본 적이 없고 산소조차 이곳에 모시지 못한 처지이니 변명할 여지가 없다. 아무리 소문난 '관념론자'라도 이번에 이곳에 와서 명절을 돌아가신 부모님과 함께 지내려고 한 데에는 분명히 무리가 있지 않았는가.

밤에는 너무 음식을 배불리 먹고 과음을 한 탓인지 좀처럼 잠을 이루지 못하였다. 더구나 아랫배가 살살 아프고 두통이 일기 시작하여 산책할 마음도 생기지 않았다. 날이 흐려서 기대했던 추석날의 보름달도 볼 수가 없었고, 그래서인지 텅 빈 가슴을 먹구름으로 가득 메우려는 듯 짙은 우수가 물밀듯 엄습해왔다.

낙엽의 존재 이유

아침에 일어나니 여전히 두통이 심하고 미열도 있는 것 같았다. 어제 과음과 과식으로 몸에 무리가 간 모양이다. 아무리 선친의 고향에서 처음으로 추석을 맞이했다고 해도 젊지도 않은 나이에 몸을 제대로 돌보지 않은 것은 분명히 바람직하지 않은 일이다. 그러나 나는 어제 얼음처럼 차디찬 이성을 가지고 명절을 보낼 수가 없었다. 그렇게 하기에 나는 너무 들떠 있었고 쓸쓸했으며 회한에 젖어 있었다. 더구나 초가을의 적막감이 나를 무척 괴롭혔고 가족을 두고 온 자책감마저 무겁게 나의 가슴을 짓누르지 않았는가. 결국 나는 푸짐한 추석 음식과 정성껏 담은 동동주, 그리고 아직 구석구석에 살아 있는 시골의 인심에 압도당할 수밖에 없었던 것이다. 흄(David Hume)은 "이성은 감정의 노예일 뿐"이라고 말한 적이 있다. 어제 나는 그 말이 진리임을 입증해 보인 셈이었다.

오후 늦게부터 정신이 맑아지고 어느 정도 두통이 가라앉았으므로 10월 초에 모스크바에서 발표할 논문을 손질하기 시작하였다. 사실 이 논문을 마무리하는 것이 이번 추석 연휴 기간에 이곳에 온 가장 중요한 이유라고 할 수도 있다. 만약 그렇지 않다면 추석을 위해서 거의 일주일 동안 이곳에 머물러 있을 필요는 없을 것이기 때문이다. 그러나 그동안 차례를 준비하고 그 의미를 음미하는 데 너무 많은 시간과 정력을 소모한 것도 부정할 수 없는 사실이다.

이번에 발표할 논문의 제목을 나는 〈현대적 상황에서의 윤리적 자아의 인식〉으로 정하였다. 현대의 윤리적 상황이 고대 아테네의 경우와 매우 흡사함을 지적하고 소크라테스가 그 당시에 절규했던 "너 자신을 알라(Gnothi Seauton)."는 말의 의미를 분석한 다음 그 중요성을 강조하려는 것이다. 나는 이 두 시대에 있어서 가치의 상대주의와 무분별한 신비주의 혹은 종교적 독단 사이를 배회하는 인간들의 정신상태가 매우 흡사함을 역설하고자 노력하였으며 이러한 난관을 극복하기 위해서는 무엇보다도 논리적 분석과 직관적 통찰을 통하여 합리성을 회복하지 않으면 안 된다는 주장을 펴려고 하였다. 그리고는 구체적인 방안으로 소크라테스적 자아의 인식을 분석하고 음미하며 또 실천에 옮기는 것이 무엇보다 중요함을 보이고자 하는 것이다. 이러한 자아를 욕구와 능력과 당위라는 세 개념으로 분석하였는데, 이것은 오래전부터 생각해온 것이지만 아무래도 이 개념들 사이의 논리적 관계가 분명치 않아서 논문을 아직 마무리하지 못하고 있는 실정이다.

물론 윤리적 자아개념을 욕구와 능력과 당위의 유기적 복합체로 해석하면 "나는 누구인가."라는 소크라테스적 질문은 훨씬 더 명료해지고 이해하기도 쉬워진다. 내가 원하는 것은 무엇이고 나는 그것을 해낼 수 있으며, 해야 하는지 혹은 해도 되는지를 묻는 질문으로 해석되며 여기에 답변을 마련하는 것이 곧 자아의 인식이 되기 때문이다. 그러나 사회적 혹은 윤리적 차원에서의 자아가 바로 이 세 개념으로만 형성된 것인지, 그리고 그 개념들 사이의 상호관계, 즉 욕구와 능력, 능력과 당위, 당위와 욕구가 서로 어떻게 연관되어 있는 것인지를 규명하는 것은 좀처럼 쉬운 일이 아니다. 이것이 제대로 설명되어야 논문 전체의 체계가 선명해지고 좀더 설득력을 지닐 수 있을 터인데 말이다.

밤이 깊어지자 다시 두통이 시작되어 작업을 중단하고 나는 산책길에 나섰다. 둥근 달이 높이 치솟아 있겠지만 날씨가 잔뜩 흐려서 그 모습을 볼 수는 없었다. 그러나 그 짙은 구름도 달빛을 완전히 차단할 수가 없는지 산골 마을의 경관이 훤하게 드러나 보였다. 가끔씩 시원한 바람이 한 줄기씩 옷깃을 스쳐 가고 여기저기서 가을을 알리는 풀벌레 소리가 즐겁게 귓가를 맴돌았다. 그리고 그토록 무성하던 잎사귀들이 한 잎 두 잎 떨어져서 발아래 뒹굴고 있었다. 밤사이에 은밀하게 다가오려는 가을의 서글픈 옆모습을 훔쳐보는 느낌이 들었다. 옛날에 어떤 시인이 "낙엽이 하나 떨어지니 온 누리에 가을이 왔음을 알겠노라(一葉落兮 知天下秋)."라고 노래했다는데, 이제 이 산촌에도 어김없이 가을이 찾아오고 있음을 충분히 느낄 수 있다.

참으로 계절의 변화란 무엇인가. 변화가 과연 존재의 본질인가. 아니면 그것은 단순히 주관적 착각의 소산인가. 변화에도 법칙이 있는가. 아니면 그것은 고정된 무엇을 찾으려는 심성의 반영일 뿐인가. 법칙이란 무엇인가. 그것은 사물 안에 존재하는 것인가, 아니면 심리작용의 투사일 뿐인가. 변화의 형태는 인과율적인가, 아니면 변증법적인가. 그 형태가 어떻든 결국 존재하는 것은 모두 어떤 법칙의 지배를 받는 필연적 소산인가. 아니면 무질서한 혼돈의 회오리인가. 여하튼 그 한 잎의 낙엽이 지금 여기 내 발 앞에 뒹굴기 위해서 온 우주가 그토록 숭엄한 모습으로 그토록 오랫동안 존재할 수밖에 없었는가. 나에게는 아직 계절의 변화를, 아니 마구 뒹구는 낙엽 한 잎의 존재 이유를 철학화할 방도가 없는 것이다.

벼농사와 글농사

지난 10월 2일부터 일주일 동안 모스크바에 다녀온 후로 중간고사가 계속 이어져서 즉시 이곳에 올 수도 있었지만 여러 가지 밀린 일들을 마무리하느라고 오늘에야 비로소 오게 되었다. 이 작은 산골 마을은 나에게 무엇인가. 나는 서울에 있을 때에도 이곳이 그리워서 못 견디어 하는 적이 더러 있지만 특히 이번 러시아를 여행하는 동안에는 마치 연인을 사모하듯 이곳 생각이 간절하였다. 크렘린 궁전 앞에 길게 뻗은 가로수 길을 거닐 때나 레닌의 묘소를 참배할 때에도, 톨스토이의 유품을 보관하고 있는 저택을 방문할 때나 러시아 철학자들과 농촌의 정취를 이야기할 때에도 나는 아프도록 이 산골짜기의 작은 마을이 그리웠다. 웬일이었을까. 아마 이곳에 올 때마다 나는 철저하게 민족주의자가 되기 때문이었는가 보다. 나는 이 농촌에 은거해 있을 때에만 내 조국의 모든 것을 사랑하고, 그렇게 사랑하는 나 자신을 모스크바에서 그토록 그리워했는지도 모른다.

나는 도착하자마자 최씨네 집에 들러서 러시아식 장식이 새겨진 플라스틱 그릇을 선사하였다. 비록 비싼 것은 아닐지라도 이 외딴 산골에서는 희귀한 물건이어서 부부가 함께 고마워하고 먼 나라를 무사히 다녀온 것을 진심으로 반가워했으며 또 다행스럽게 생각하는 것 같았다. 그것은 아랫집 박씨네와 윗집 김씨 할아버지네도 마찬가지였다. 적어도 이것이 그 멀고도 낯선 땅에서 이곳을 그토록 안타깝게 그리워한 이유 중 하나일 것이다.

나는 한 달 동안 비워두었던 집을 대강 정리하고 주위를 산책하며 이곳저곳을 둘러보았다. 아무것도 변한 것이 없었다. 다만 계절이 변한 것이다. 물론 모스크바는 이미 영하의 초겨울 날씨라 두꺼운 외투를 입고 외출할 수밖에 없었지만 여기는 이제야 늦가을의 정취가 완연히 무르익어 있었다. 은행나무 잎사귀는 다 떨어져서 앞마당에 수북하게 쌓여 있고 뒤뜰에는 감나무, 호두나무, 밤나무, 배나무 잎사귀들이 계속 우수수 흩날려 내리기 때문에 이 쓸쓸한 계절의 서글픔과 외로움을 더해준다.

아! 그러나 가을은 결실의 계절이기도 하다. 최씨는 농사가 잘 안 되었다고 투덜거리기는 하지만 그것은 농부로서의 독특한 어조가 실린 엄살일 뿐이다. 집 둘레를 따라 가득 쌓아두었거나 널어놓은 농산물을 가리킬 때 그는 입가에 맴도는 흐뭇함을 감추지 못한다. 이 진실한 노고의 대가가 제대로 지불될 수 있다면 이 사나이는 더 이상 무엇을 바랄 것인가. 이 순박하고 근면한 농부를 진정으로 행복하게 할 수 있는 정치체제나 경제제도는 아직 우리에게 허용될 수 없단 말인가.

최씨는 마침 내일 벼를 벨 계획이라며 이것저것 준비하기에 바빴다. 특히 앞마당 주위에 펼쳐 있는 논에는 지난봄에 내가 모판 작업을 거들었던 벼들이 무르익어 있기 때문에 그것을 베어낼 생각을 하니 가벼운 흥분마저 느껴졌다. 내가 두 주일 전에 모스크바에서 발표한 논문이 '글 농사'의 결실이었다면 내일의 작업은 '벼농사'의 결실을 거두는 셈이다. 최씨는 자주 한석봉韓石峰의 어머니처럼 자기의 벼농사와 나의 글 농사를 비교하곤 했는데, 그럴 때마다 무슨 농사에 종사하는지도 중요하지만 각기 자기의 농사를 얼마나 더 잘 지을 수 있느냐도 매우 중요한 것이라는 점을 서로 다짐했던 것이다. 나는 내일의 작업을 위해서 일찍 잠자리에 들었다. 잠들기 전에 아리스토텔레스의 덕론德論에 대해서 생각해보았다.

아리스토텔레스에 의하면 바람직한 삶이란 자기가 지니고 있는 기능(arete)을 제대로 혹은 탁월하게(arete) 수행함으로써 이루어질 수 있는 것이므로 그것을 그는 넓은 의미로 덕(arete)이라고 부른다. 여기서 기능과 탁월성, 그리고 덕을 표현하는 그리스어가 서로 같다는 사실은 매우 흥미로운 점이다. 따라서 인간이 궁극적으로 추구하는 목표는 이 탁월한 기능에 일치하는 정신적 활동, 즉 행복(eudaimonia) 혹은 순기능이라는 결론에 이르게 된다. 만약 이것이 사실이라면 인간의 행복은 자기에게 주어진 상황에서 최선을 다하는 데 있다고 해도 좋을 것이다. 그러므로 이 무르익은 늦가을에 최씨와 나의 경우 누가 더 행복한 사람인지는 그의 벼농사와 나의 글 농사 중에 어느 것이 더 잘되었는지에 따라 측정될 수 있게 된다. 나는 그것을 객관적으로 측정할 척도가 있는지에 관해서 고심하다가 자정이 넘어서야 잠이 들었다.

산촌의 브람스

날씨가 무척 청명하고 상쾌하였으므로 벼베기에는 안성맞춤이었다. 나는 아침 일찍 일어나 샘터에서 찬물을 한 사발 마시고 언덕에 있는 검도 수련장으로 올라가 30분쯤 죽도를 휘두른 다음 간단히 요기를 하러 논으로 내려갔다. 최씨가 미리 수배해 놓은 일꾼들이 대여섯 명 몰려와서 벌써 웅성거리고 있었다. 나는 아직 낫질하는 솜씨가 서툴러서 주로 볏단 묶는 일과 그것을 가지런히 배열하는 일을 도왔다. 그러나 이것도 온종일 계속하려니까 여간 어려운 일이 아니었다. 줄곧 허리를 굽히는 일인 데다가 일이 점점 더 밀리기 때문에 쉴 사이가 없었다. 여러 사람이 가끔씩 쉬라고 권유도 하지만 진정으로 그렇게 하라는 것 같지도 않았다. 더구나 나에게는 글 농사뿐만 아니라 벼농사도 잘할 수 있다는 것을 과시해보고 싶은 치기稚氣 같은 것이 있어서인지 결국 몸만 더 고달파질 뿐이었다. 그래서 역시 아침과 점심, 그리고 점심과 저녁 사이에 간단히 논두렁에 앉아서 먹는 새참은 형언하기 어려울 정도로 즐거운 시간이 되었다. 어쩌면 이 새참을 즐기기 위해서 그토록 고달픈 노동의 현장에 뛰어들었는지 모른다. 거기에는 흰 쌀밥과 고추장, 각종 나물과 된장찌개, 한 사발의 동동주, 그리고 무엇보다 풍작을 염원하는 촌부村婦들의 진한 정성이 담겨 있다.

우리 집 앞에 있는 논들의 벼베기는 서너 시쯤에 끝났다. 최씨 일행은 오후 새참을 끝내고 아랫마을 근처의 논으로 옮겨갔는데, 나는 너무 피곤했고 그 동네에는 낯선 사람들이 많기 때문에 따라가지 않았다. 그 대신 '추수'라는 개념의 의미를 음미하는 것으로 시간을 보냈다. 사실 철학은 존재의 본질과 현상의 구조를 찾아 거기에 의미를 부여하는 작업이 아닌가. 나는 무엇보다도 벼농사에 모판 작업부터 추수에 이르기까지 비록 실질적인 역할을 하지는 못했지만 참여해보았다는 것이 기쁘고 또 스스로 대견하다는 생각이 들었다. 그래서인지 역광으로 비쳐진 볏단들이 더욱 생동감 있게 시야에 들어왔고, 또한 벼이삭 한 톨 한 톨이 눈이 따갑도록 선명하게 드러나 보였다. 나는 일찍이 어떤 사물에서 그토록 구체적이고 실감나는 통찰을 경험한 적이 없다. 말하자면 그 숱한 한 톨의 벼이삭은 고유한 의미로 '실체(substance)'라는 어휘가 걸맞는, 그리하여 데카르트의 '생각하는 실체(res cogitans)'로서의 자아보다 더욱 실재성實在性이 높은 사물처럼 느껴졌다. 그것은 인식의 대상이 되기 이전에, 어쩌면 조물주가 우주의 삼라

만상을 창조하기 훨씬 전부터 스스로 존재해온 신비스런 그 무엇처럼 비추어졌던 것이다. 참으로 그것은 신비스러울 뿐만 아니라 진실하고, 성실할 뿐만 아니라 아름답기까지 하다는 생각이 들었다. 그러므로 이 비속한 인간들이 그것을 하루에 세 번씩이나 먹어야 살아갈 수 있다는 것이 좀처럼 믿어지지 않았고 오히려 부당하다는 느낌조차 들었던 것이다

나는 잠시 쉬는 동안 피곤이 풀렸으므로 지난 7월 초에 심어 두었던 고구마를 캐기 시작하였다. 마침 주위가 섬뜩할 정도로 조용해졌고 이 무르익은 결실의 계절에 왠지 수확의 기쁨을 홀로 만끽하고 싶었기 때문이었다. 호미로 흙을 파헤치자 예상했던 대로 주먹만 한 것부터 큰 것은 팔뚝만 한 것까지 고구마가 줄줄 따라 올라왔다. 나는 철부지처럼 환호성을 올렸다. 그것은 홀홀 단신으로 적진에 뛰어들어서 치열한 백병전 끝에 얻어낸 전리품처럼 느껴졌다. 내가 손수 밭을 갈고 고구마 순을 읍에서 사다가 심었을 뿐만 아니라 틈틈이 물을 주고 잡초를 뽑아주었기 때문이다. 그러나 유감스럽게도 내가 한 일은 그것이 전부였다. 그리고 그 나머지 모든 것은 이 고구마들이 스스로 해낸 것이다. 그러므로 거기에 어떤 종류의 승리가 있다면 그것은 고구마들 자신의, 혹은 그것을 가능하게 한 자연의 것일 뿐이다. 그러나 고구마는 환호성을 지르지 않으며 자연은 자기 자신의 일부를 전리품으로 여기지도 않는다. 이러한 것들은 모두 속절없는 인간들의 허망한 게임일 뿐이다.

황혼이 서산에 붉게 물들기 시작하므로 나는 세 광주리나 되는 고구마를 거두어들인 다음 샘물을 길어다가 흙먼지와 땀으로 뒤범벅이 된 온몸에 머리로부터 끼얹었다. 그 상쾌함과 황홀함이 곧 노동의 가장 핵심적인 부분이라는 것을 다시 한 번 확인할 수가 있었다. 옷을 갈아입고 나서는 사랑채에 달린 마루에 걸터앉아 황혼을 바라보며 브람스의 현악 6중주를 낡은 녹음기로 들었다. 장엄한 석양의 풍치에 압도되어서인지 비올라와 첼로로 구성된 중음부와 저음부가 늦가을의 정취를 더욱 북돋아주었다. 요즈음 자주 듣던 곡이었고, 더구나 그 테이프가 손에 닿는 곳에 있어서 우연히 틀어본 곡인데 황혼에 물든 이 산골 마을의 풍경과 그토록 잘 어울리는 이유가 무엇인가. 마침 발아래 뒹구는 낙엽들의 서글픔과 쓸쓸함, 그리고 황금빛으로 빛나는 볏단들의 황홀함과 탐스러운 고구마들의 충족감이 특히 2악장의 신묘한 선율과 어우러질 때 나는 형언하기 어려울 정도의 착잡하고도 복합적인 감정이 치밀어올라 가슴이 메어지는 것 같았다.

사실 브람스가 이 곡을 작곡할 무렵 그는 친구이며 은인이기도 한 슈만의 아내 클라라에 매료되어 사랑의 기쁨과 젊은 날의 열정, 순간적인 행복감과 숨 막히는 외로움 때문에 번민의 나날을 보내고 있었다. 실제로 가장 감동적인 2악장은 피아니스트인 클라라를 위하여 피아노 변주곡으로 편곡한 다음 생일 선물로 보냈었다. 그러나 슈만이 정신 이상으로 세상을 떠

났을 때에도 자신의 사랑을 드러내지 않고 유족을 돌보았을 만큼 브람스는 열정적이지만 절제가 있고 심미적인 만큼 인간미가 있는 예술가였다. 한 여인에 대한 사랑을 표현해보지도 못하고 그것을 예술로 승화시킨 브람스, 그의 예술 혼이 담뿍 담겨 있는 이 곡을 들으며 끝내 울먹일 수밖에 없는 나는 누구인가. 나는 이 장엄하고도 숭고한 자연의 몸짓을, 그 언어를 쇼펜하우어나 니체처럼 혹은 하이데거나 비트겐슈타인처럼 철학화해 볼 도리는 없는 것인가. 나는 왜 이렇게 여기에 말뚝처럼 그냥 서 있기만 하는가. 낙엽과 황혼, 볏단과 고구마 넝쿨, 첼로와 바이올린, 클라라와 브람스, 쇼펜하우어와 비트겐슈타인을 모두 함께 묶는 논리의 구조를 분석하고 그 존재의 신비를 직관해 볼 방도가 내게는 없단 말인가.

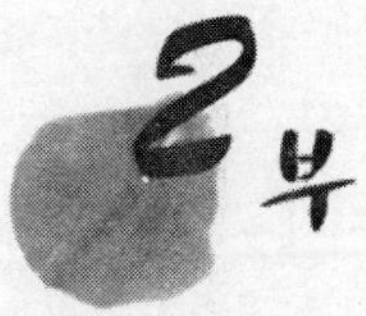

아미쉬 마을과 문명의 고도

뉴잉글랜드의 자연과 예술

로댕과 칼레의 시민들

진검승부의 정신

아미쉬 마을과 문명의 고도

우리는 고향을 그리워하며, 때로는 순박한 사람들끼리만 어울려 살고 있는 손때 묻지 않은 마을에 한 번쯤 찾아가보고 싶은 충동을 느낄 때가 있다. 이러한 충동은 단순한 호기심 때문에 생길 수도 있지만 현대의 과학기술 문명과 복잡한 도시생활에 지쳐 있는 사람들에게는 오히려 당연한 현상이 아닐 수 없다. 이것은 미국의 대도시에 사는 사람들의 경우에도 예외가 아닐 것이다. 주말이면 '인디애나' 주에 있는 '아미쉬' 마을이란 곳을 수많은 관광객들이 찾아가는 이유도 바로 여기에 있다고 생각된다.

나는 호기심과 동경이 뒤섞인 채로 현대의 기계문명을 외면하고 있는 이 신기한 마을을 찾아 나섰다. 더구나 얼마 전에 관람한 적이 있었던 〈목격자(Witness)〉라는 영화가 직접 자극이 되어 정말 그러한 마을이 문명의 첨단을 걷고 있는 미국의 어느 구석에 아직 존재해 있는지를 직접 확인해보고 싶었던 것이다. 그 영화는 외부 세계와 거의 접촉을 끊고 살아가는 이 마을의 어느 젊은 미망인에게 물밀듯 밀어닥치는 범죄와 사랑과 갈등의 이야기를 담았다. 이 여인은 범죄를 목격한 어린 아들 때문에 담당 형사와 만나게 되어 인습의 울타리 안에서 갈등을 일으키면서 이 남자와 사랑을 나누기도 한다는 이야기였다. 3시간 동안 미시간 벌판을 고속도로로 달리다가 작은 국도로 접어들어 다시 한 시간을 더 달렸을 때 그 마을은 거짓말처럼 눈앞에 펼쳐져 있었다.

'아미쉬(Amish)'란 17세기 기독교의 한 종파인 메노(Menno)파 교도의 스위스 지도자 암만(Jacob Amman)에서 유래된 이름이다. 그는 규율이 엄격한 이 종파 중에서도 특히 과격한 입장을 취하여 모든 형식과 예식을 거부하고 철저하게 성경만, 그 중에서도 산상수훈山上垂訓을 철저히 준수하고 가르쳤다. 그리하여 그를 따르는 교도들은 유럽 각지에서 고립될 수밖에 없었고, 때로는 심한 박해에 시달리기도 했으며, 마침내 1714년 종교의 자유를 찾아 펜실베이니아 지방으로 이주해 온 이래 자기들만의 종교적 양식과 풍습만을 고집해 오며 오늘에 이르고 있다. 지금은 펜실베이니아 외에 오하이오 주와 인디애나 주에 약 5만여 명이 촌락을 이루며 살고 있다.

내가 찾아가 본 '아미쉬' 공동체는 현대라는 문명의 망망대해에 떠 있는 외딴섬처럼 미국 중서부 평원의 한구석을 차지하고 있었다. 그러나 이 마을은 암벽으로 둘러싸인 무인도처럼 함부로 접근해오는 방문객들을 좀처럼 용납하지 않았다. 외부인들은 일정한 지역에만 출입이 허용되어 있었기 때문에 나는 그들이 사는 모습을 잠시 둘러볼 수는 있었지만 직접 만나서 깊은 이야기를 나누어 볼 기회는 갖지 못하였다. 〈목격자〉란 영화에 묘사된 대로 이 마을 사람들도 외부인에 대하여 매우 배타적이고 접촉을 꺼려하는 빛이 역력하였다. 그들은 자기들만의 사고방식과 생활양식에 머물러 있고 싶었던 것이다.

'아미쉬' 공동체의 특징에는 여러 가지가 있지만 이것을 한마디로 표현하면 '신과 함께, 또한 공동체와 함께 신앙을 지키는 일'이라고 할 수 있다. 기독교의 신을 믿고 무조건 그의 말씀에만 순종한다는 이상과 이념이 그들의 일상생활 구석구석에 배어 있고, 삶 그 자체를 규정하는 요소로 작용하고 있었다. 이 신앙을 지키기 위하여 그들은 무엇보다도 자기들만의 종교 의식을 소중히 간직하고 이러한 의식에 따른 전통적 풍습과 가치관을 그대로 답습하려고 애쓴다. 예를 들어 '아미쉬' 마을의 사람들은 목사와 전도사가 주관하는 대규모의 교회에서 모이기를 꺼려하며, 각 가정을 떼 지어 순방하면서 주교의 지시에 따라 설교를 듣는다. 예배를 드릴 때에는 반드시 발을 씻고 목회자들은 고유한 제복을 입는다. 일반인들도 17세기 유럽의 농촌에서 유행하는 의상을 입는데, 남자들은 챙이 넓은 검은색 모자를 쓰며 콧수염은 없이 턱수염만 길게 기른다. 여자들은 어깨까지 늘어지는 19세기식 보넷을 쓰며, 새까만 양말과 구두를 받쳐 신고 드레스로 성장하지만 귀걸이나 목걸이 등 어떠한 장식도 일체 몸에 걸치지 않는다.

이러한 풍습과 의식을 유지한다는 것은 시대에 따라 변천하는 생활양식과 사고방식을 이들이 항상 거부해왔음을 의미한다. 새로운 가치관과 함께 그들은 눈부신 과학 기술의 산물들, 정치, 경제, 교육제도 등 일체의 산업화되고 전산화된 물질문명 및 정신문화를 배척한다. 그렇기 때문에 '아미쉬' 마을에서는 자동차 대신 아직 마차를 이용하며 전화나 전등같이 보편화된 시설도 설치하지 않고 현대식 농기구를 외면한 채 삽과 괭이만을 사용해서 농사를 짓는다. 또한 우리나라 부모의 교육열과는 대조적으로 이 마을 사람들은 최신 설비를 갖추고 첨단의 교육을 무상으로 실시하는 정규 고등학교에 자녀들을 일체 보내지 않는다. 미국에서 자녀의 의무 교육을 거부하는 것은 위법이기 때문에 이것이 한때 사회문제가 되기도 하였으나, 그들은 차라리 감옥으로 가기를 원할 정도로 완강하므로 오늘날에는 종교의 자유 차원에서 겨우 묵인되고 있는 실정이다.

우리나라의 갓에 해당하는 빳빳한 '아미쉬' 모자 하나를 상점에서 집어들고 나는 몇 가지 질문을 스스로 제기해보았다. 어떻게 이 모든 것이 가능한가. 대도시인 시카고에서 자동차로 1시간 정도의 거리에 어떻게 17세기 유럽의 풍습과 사고방식이 그대로 존속될 수 있는가. 문화의 흐름을 외면하고 이러한 생활양식으로 살아가는 것이 과연 바람직한 일인가. 만약 그렇다면 선진 조국을 표방하고 과학기술의 습득과 산업화 및 정보화에 전념하고 있는 우리들 자신의 삶은 헛된 것이란 말인가. 매연과 수질오염 등 온갖 산업재해에 시달리기보다는 차라리 어느 정도의 불편을 감수하며 전원생활을 즐기는 것이 정말 훨씬 더 보람 있는 삶일까. 그들은 하느님의 뜻에 따라 그러한 유형의 삶을 고수해야 한다고 주장하는데, 만약 이것이 옳다면 다른 기독교인들의 입장을 우리는 어떻게 이해할 것인가. 정말 물질문명의 발달은 정신문화의 진보와 아무런 상관이 없단 말인가. 아니 오히려 세계문명은 인간의 성숙을 저해하는 요인으로 작용하는 것이 아닐까. 도대체 현대의 물질문명은 어디를 향해 움직이고 있는 것일까.

이러한 질문들에 우리가 쉽게 답변을 마련할 수 있다고 기대하기는 매우 어려운 일이다. 여기에는 복잡하고 심오한 문제들이 너무나 많이 개입되어 있기 때문이다. 그 중에서도 가장 중요한 것은 과학기술로 특징지어지는 현대의 물질문명과 점차 황폐해져 가기만 하는 정신문화 속에서 '아미쉬' 마을이 지니는 존재 의미가 무엇인지를 가늠하는 일이라고 볼 수 있다. 이것은 인류 문명의 큰 흐름을 거부하고 어느 특정한 종교적 이념에 따라 배타적인 삶을 살아가는 것이 과연 바람직한 일인지를 묻는 문제인 것이다.

일반적으로 생각해 볼 때 '문화'란 자연과 대비되는 개념으로 이해되어 왔다. 원래 그것은 라틴어의 '경작한다(culture).'는 말에서 유래된 것으로서, 땅을 갈고 씨를 심어서 가꾸며 그것을 거두어들일 뿐만 아니라 오래 보존한다는 등의 뜻을 담고 있는 것이다. 이것은 땅을 황폐한 채로 내버려둔다든지 씨가 떨어져서 자라다가 죽어 가도록 방치해 둔다는 뜻과 명백히 구분된다. 그러므로 '문화'란 말에는 반드시 인간의 노력과 노동과 배려가 개입되어 있다는 뜻이 들어 있는 것이다. 그리고 이러한 성과는 당대에서 멈추는 것이 아니라 후대에 전수되고 이것이 다시 능동적으로 수용되고 계발되어 오늘날에 이르기까지 면면히 이어져 오는 것이다. 현대 인간학의 대표적 인물인 란트만(Michael Landmann)이 "인간은 문화의 피조물이며 동시에 문화의 창조자"라고 말한 것은 바로 이 점을 잘 지적해 주었다고 볼 수 있다.

그러나 인간은 왜 끊임없이 문화를 전수하고 창달하면서 발전을 지속해 오는가? 그것은 단순한 호기심 때문인가, 혹은 어떤 구체적 목적을 이루기 위해서인가? 물론 인간은 지적 호기심이 원동력이 되어 존재의 본질과 현상의 구조를 밝히려고 애써 왔던 것이 사실이다. 그러나 이러한 지적 탐구의 성과가 실제로 인류의 복지와 평안을 위해서 이용되지 않는다면 문명의 형성과 문화의 지속적인 발전을 기대하기 어려울 것이다. 그리고 그 구체적인 열매는 갖가지 문명의 이기利器를 제공해 주는 기술의 발달과 도구의 계발에서 찾아볼 수밖에 없다. 그러므로 그 동기의 측면에서 볼 때 수단으로서의 기술 그 자체에는 전혀 문제가 없다고 보아야 한다. 야스퍼스(Karl Jaspers)는 이렇게 말한다.

> 기술은 원래 어떤 목표를 달성하는 데 쓰이는 능력이며 수단이다. 기술은 애초에 자연의 힘을 가지고 자연을 지배하는 지식이요 조작 능력이었으므로, 이 능력은 인간의 삶을 편리하게 하고 인간의 노력이나 고통을 덜어 주며 여가와 안전을 증대시키는 등 인간의 목적에 봉사할 때 비로소 그 의미를 지닌다.

그렇다면 우리는 '아미쉬' 마을 사람들이 이 시대가 낳은 온갖 과학 기술의 산물들을 거부하는 현상을 어떻게 이해할 것인가. 그들은 왜 편리한 문명의 이기들을 거부하는 것일까. 자동차 대신 마차를 타고 전등 대신 등불을 밝히며 트랙터 대신 삽과 괭이를 고집하는 이유가 도대체 무엇일까. 인간의 기술이 단순히 목표를 달성하는 능력이며 수단에 그친다면 구태여 이러한 도구들을 거부할 필요가 없지 않을까. 혹시 기술이 수단이나 도구에 머물러 있는 것이 아니라 오히려 인간 위에 군림하며 주인 행세를 하려는 것은 아닐까. 그리고 '아미쉬' 사람들이 두려워하는 것도 기술이 지니고 있는 이 부정적인 요소 때문이 아닐까. 바이쯔재커(Carl F. von Weizsacker)는 기술의 마력에 대해서 다음과 같이 지적해 준다.

> 기술이 가진 놀라운 능력은 기술적으로 가능하면 무엇이든지 해내야 가장 진보적이고 기술적인 태도라고 믿게 하는 마술적인 힘이다. 그러나 이것은 진보적이 아니라 어린아이와 같이 유치한 생각이다. 이것은 마치 새로운 것을 보면 그것으로 온갖 장난을 다 해보고 싶어하는 어린아이나 원숭이처럼 기술을 발견한 첫 세대가 여러 가지를 다 시험해 보려는 태도에서 나온 생각이다. 이러한 태도는 기술이 성립하고 발전하기 위해서 일시적으로는 매우 필요할지도 모른다. 그러나 성숙한 기술적 행위는 이와 다르다. 성숙한 태도라면 목적을 위한 수단으로서 기술적 도구를 쓰는 것이다. 여기서 자유의 영역을 확보하는 것은 기술의 주인인 인간에 의해서만 가능하다. 중요한 것은 이 성숙한 태도가 기술과 먼 거리에 있는 것이 아니라 그것이 바로 기술적인 태도임을 분명히 인시하는 데 있다.

그렇다면 '아미쉬' 마을 사람들은 이러한 인식에 자신이 없어서 기술을 피하려 드는 것일까. 바이쯔재커는 도덕적 노력을 강조하며, 이어 다음과 같이 말한다.

모든 기술적 도구는 목적에 의해 설계되었고, 또 만들어졌다. 어떤 도구도 스스로 목적이 될 수는 없다. 기술 문명이 이 문명 속에 사는 사람들을 위협하고 파괴하며 방해한다면 이것은 아직 기술적으로 미숙한 단계에 있기 때문이다. 우리가 오늘날 기술적인 세계에서 인간답게 살아남으려면 기술을 참으로 기술적으로 이용하는 올바른 의식을 가져야 하는데, 이러한 의식은 도덕적인 노력을 통해서만 획득될 수 있는 것이다.

여기서 우리는 기술의 발달에 대한 두 가지 태도를 감지할 수 있는데, 하나는 '아미쉬' 마을 사람들처럼 기술의 개발을 중지하고 새로 발명된 기계들을 외면함으로써 기계 문명의 노예가 되지 않겠다는 소극적 태도이고, 다른 하나는 기술을 계속 개발하고 문명의 이기를 최대한으로 활용하되 이에 상응하는 도덕력을 기른다는 적극적인 태도이다. 전자를 도구가 두려워서 불편을 감수하는 태도라고 한다면, 후자는 그것을 능동적으로 활용하면서 주인으로서의 위신을 지키려는 자세라고 볼 수도 있다. 그러나 우리에게 둘 중에 하나의 태도를 취할 수 있는 진정한 의미의 대안이 주어져 있는 것일까.

얼핏 보기에 우리는 원하기만 하면 '아미쉬' 마을 사람들처럼 인디애나 주의 대평원 한구석에 자리잡고 고유한 미풍양속을 즐기며 기계 문명을 외면한 채 살아갈 수 있을 것 같기도 하다. 그러나 좀 더 구체적으로 생각해 보면 이것은 누구에게나 가능한 것이 아니며, 현실적으로는 미국에서처럼 개성이 존중되고 다원주의가 허용되는 사회에서만 어느 정도 가능한 일이다. 히틀러 시대의 독일이나 스탈린 통치하의 소련에서 '아미쉬' 공동체라는 집단이 유지되리라는 것은 상상도 할 수 없는 일이다. 미국이란 나라는 여러 가지 문제점을 많이 지니고 있지만 획일적으로 모든 사람의 사고와 행동을 속박하는 사회가 아니기 때문에 그러한 공동체가 허용되는 것이며, 오히려 이것을 보호하고 존속시키려는 아량과 능력을 과시함으로써 지금까지 유지되어 온 것이다.

그러나 이것이 자연 발생적이며, 문화의 발전과 함께 지속되는 영속적 성격을 띤다고 볼 수는 없다. 미국이 아무리 개성을 존중하며 이질적인 가치에 대하여 관대한 사회라고 하더라도 규범이 지켜지고 질서를 유지해야 하는 하나의 국가라면 '아미쉬' 공동체는 결국 전체적 유기체 속에 흡수되어 가는 과도기적 문화 현상이거나 특별한 이유가 있어서 보호되고 있는 문화적 기현상에 불과한 것이 아닐까. 사실 이러한 공동체에 대하여 미국 정부가 엄격하게 법을 적용하려 하지 않고 여러 가지로 유권 해석을 내려서 관대하게 대처하는 것은 아미쉬 공동체의 종교적 이념이나 생활양식이 반드시 정당화되기 때문은 아니다. 예를 들어서 의무 교육을 거부한다든가 병역의 의무를 기피하는 태도에 대해서 관용의 법적 근거를 찾아보려고 애쓰는 것은 물론 종교의 자유나 소수 문화의 특수성을 존중하기 때문이지만, 어느 특정한 인디언 종족을 일정한 지역에만 거주하게 하여 종족 보호 정책을 펴듯이 사회학적 내지는 인류학적 이유도 어느 정도 여기에 개입되어 있다고 보아야 할 것이다. 만약 이것이 사실이라면 우리가 '아미쉬' 마을과 같이 특수한 공동체를 유지한다는 것은, 다시 말해서 기계 문명을 거부하고 전통적인 생활양식에만 의존해서 살아간다는 것은 현실적으로 가능하지도 않거니와 일시적으로 존속된다고 하더라도 기껏해서 정책적 배려나 지적인 호기심의 대상으로 과도기적 성격을 띨 수밖에 없게 된다. 한마디로 오늘날 우리가 기계 기술의 발달을 외면하고 지낸다는 것은 현실적으로 가능하지 않다는 결론에 도달하게 되는 것이다. 그러나 '아미쉬' 공동체의 그러한 생활 태도는 과연 바람직한 것인가?

현대의 문명 비평가들은 기계 기술의 병폐에 대해서 많은 비판을 가해 왔다. 무엇보다도 그것은 바이쯔재커가 지적한 바와 같이 어른들의 '장난감' 같아서 우리를 사로잡는 마술적인 힘을 지니고 있을 뿐만 아니라 마침내 주인으로 군림하여 우리를 노예로 부리게 될 위험을 안고 있는 것이다. 러셀은 이 점을 강조하여, "기계는 시간이 갈수록 인간 행복의 핵심적 요소가 되는 두 가지를 인간에게서 빼앗아 가는데, 그 하나는 자발성이고 다른 하나는 전환 가능성과 여유이다."라고 말한다. 이것은 어느 정도 옳은 지적이라고 볼 수 있다. 우리는 기계를 사용함으로써 분명히 일을 효과적으로 수행할 수 있지만, 일에 대한 욕심 때문에 너무 기계에 의존함으로써 우리가 능동적으로 누릴 수 있는 행복의 요소들을 송두리째 빼앗겨 버리기 때문이다. 이러한 관점에서 볼 때 '아미쉬' 공동체의 생활은 비록 현실적으로 누구에게나 가능한 것은 아닐지라도 바람직한 태도라고 볼 수도 있을 것이다.

그러나 겔렌(Anold Gelhen)에 의하면 우리가 우리들 자신의 기술에 대해서 소극적인 태도를 취할 것이 아니라 오히려 적극적으로 그것을 발전시켜 나가야 한다는 것이다. 우리는 기술의 개발을 멈출 수 없을 뿐만 아니라 그것이 당연히 삶의 조건이 되어야 하기 때문에 멈추어서도 안 된다고 주장하면서 그는 "기술과 문화, 기술과 종교, 기술적 합리성과 정신적 가치 등은 한편으로 모순되는 것 같지만 이것은 서로 공존할 수 있는 것"이라고 낙관적인 견해를 피력한 바 있다. 사실 기술 그 자체는 예리한 칼과 같아서 좋거나 나쁜 것이 아니다. 다만 이것을 잘 이용할 수 있는 능력과 도덕적 판단을 갖추었을 때에만 비로소 인간의 복지와 행복의 수단이 될 수 있다. 더구나 이미 지적한 바와 같이 문화의 전수와 창달이라는 큰 흐름을 근원적으로 정지시킬 수 없는 한 기술의 개발이 필연적일 수밖에 없다면, '아미쉬' 공동체와 같이 수동적인 태도를 취할 것이 아니라 좀 더 적극적인 자세를 취하여 기술이 낳은 병폐를 기술의 개발에 의해서 극복하는 것, 즉 바이쯔재커의 이른바 '성숙한 기술적 행위'만이 유일한 대안으로 남게 되는 것이다.

이러한 관점은 한 개인의 문화가 공동체의 문화와 별개의 것이 아니듯이 어느 특정한 공동체의 문화도 국가나 사회 전체와 유기적인 관계 속에서 유지되어야만 자연스럽게 지속될 수 있음을 뒷받침해 준다. 요컨대 현대의 문화는 기계 기술을 외면하고는 성립되지도 않거니와 자연스러울 수 없다는 것이다. 엘리어트(T. S. Eliot)는 〈문화의 이론〉에서 이 유기적인 관계를 다음과 같이 설명한다.

> 문화(culture)라는 용어는 우리들이 한 개인의 발전을 염두에 두는지, 혹은 한 집단이나 계급의 발전을 염두에 두는지, 혹은 사회 전체의 발전을 염두에 두는지에 따라서 제각기 상이한 연상을 일으킨다. 개인의 교양은 한 집단이나 계급의 문화에 의존하고, 또 그 집단이나 계급의 문화는 그것이 속해 있는 사회 전체의 문화에 의존한다는 것이 내 논지의 일부이다. 그러므로 근본적인 것은 사회의 문화이며, 무엇보다도 먼저 검토되어야 할 것은 사회 전체와의 연관 속에 있는 이 문화라는 용어의 의미이다.
>
> ……자각적인 노력에 의해서 도달되어야 할 그 무엇으로서의 문화는 개인이 자기 교양을 문제삼을 경우 그 개인의 문화는 집단의 문화 및 사회의 문화를 배경으로 하고 내다볼 수 있기 때문에 그 의미는 비교적 이해하기 쉽다. 집단의 문화도 역시 사회 전반의 좀 더 정도가 낮은

문화와 대비되는 경우에 뚜렷한 의미를 갖게 되는 것이다. 이 용어가 적용되는 세 가지 예 사이의 차이가 가장 명확하게 파악되기 위해서는 개인이나 집단 혹은 전체로서의 사회와의 연관 속에서 문화를 달성하려는 자각적 목표가 과연 어느 정도의 의미를 지니는 것인지 반문할 필요가 있다. 우리가 개인의 목표에 지나지 않는 것을 집단의 목적이라고 내세우거나, 한 집단의 목표밖에 될 수 없는 것을 전체로서의 사회적 목표라고 내세우는 것을 잠시 보류한다면 공연한 혼동에 빠지지 않을 수도 있을 것이다.

아마 이러한 견해는 아미쉬 공동체가 내세우는 이념이 객관적으로 타당한 것인지를 평가하는 데도 도움이 될 수 있을 것이다. 예를 들어, 물질문명에 동화되지 않고 정신력과 도덕심을 고양시킴으로써 신앙을 돈독히 하는 것은 신의 뜻을 따르는 하나의 종교적 표현일 수 있겠지만, 그것이 반드시 17세기 유럽의 농촌 문화를 답습함으로써만 이루어질 수 있다고 고집하는 데에는 무리가 있다고 여겨진다. 그들이 그토록 소중하게 여기는 성경의 그 어느 구석에도 그러한 신앙의 형태를 제시하는 구절은 없을 것이기 때문이다. 그렇다고 해서 이 공동체 안에서 민주적이며 자유적으로 수렴된 의사의 표현이라고 보기도 어렵다. 이 마을에서 태어난 사람들은 '아미쉬'의 종교적 이념에 따라 교육받고 성장했으며 그러한 가치관을 근거로 해서 판단할 뿐 아니라 다른 종류의 의사 표시는 허용되지 않는,

포퍼(Karl R. Popper)의 이른바 '폐쇄 사회(Closed Society)'에서 살아가기 때문이다.

그럼에도 불구하고 우리는 여기서 옛것을 지키고 자기의 것을 간직하려는, 이것만이 신의 의지와 계시를 따르는 길이라고 굳게 믿으며 살아가는 '아미쉬' 사람들의 진지한 태도를 간과해서는 안 될 것이다. 이러한 태도를 견지하는 자세야말로 신을 위해서 인간이 할 수 있는 일의 전부일지도 모르며, 따라서 허용되고 보호받을 가치가 충분히 있다고 생각해 본다. 그러나 여전히 나는 멀리 석양을 뒤로하고 어둠 속에 묻혀 가는 '아미쉬' 마을을 바라보며, '무위(無爲)'의 진정한 의미는 물이 어느 골짜기에 고집스럽게 머물러 있으려고 애쓰는 것이 아니라 자연스럽게 계속 흘러가는 데 있다는 생각을 해보는 것이다.

뉴잉글랜드의 자연과 예술

또 다시 가을이 깊어지니 계절의 변화를 새삼스럽게 실감할 수 있게 된다. 특히 모교인 미시간 주립대학교의 객원 교수로 미국에 머물고 있다가 뉴잉글랜드 지방의 자연을 만끽했던 그 해 가을을 잊을 수가 없다. 마침 그때 나는 어느 국제 과학철학 세미나에 참석했다가 무거워진 머리를 식히고 싶었고, 과연 물리학자들이나 과학철학자들이 자연의 모습을 제대로 조명하고 있는지에 대해서도 깊은 회의를 가지고 있었다. 더구나 그 당시 비교적 한가한 시간을 보내고 있었으므로 서슴없이 시인 박목월의 표현대로 '구름에 달 가듯 가는 나그네'가 되어 그 광활한 대륙의 중서부를 횡단하기로 계획을 세웠던 것이다. 거의 즉흥적으로 여로에 올랐으나 그것은 고달픈 유학 시절부터 염원해 오던 간절한 꿈이었고, 그 지방은 특히 가을철에 아름답다는 소문이 있는 데다가 도대체 과학이 자연의 진정한 해설자가 될 수 있을지의 문제를 직접 자연에게 물어보는 것이 더 나을 것이라는 생각을 했기 때문이었다.

불길에 휩싸인 듯이 현란한 색으로 짙게 물든 이 지방은 듣던 대로 과연 절경이었다. 날씨도 유난히 맑아서 마치 고국의 산천을 헤매고 있는 듯한 착각에 빠지기도 하였다. 완만한 구릉을 맴돌고 계곡으로 뻗은 소로를 따라 천천히 차를 몰아가는데, 언뜻 이곳 사람들이 가장 아끼고 사랑하는 프로스트의 시 한 구절이 떠올랐다.

> 숲은 아름답고 어둡고 깊다.
> 그러나 지켜야 할 약속이 있어
> 잠들기 전에 가야 할 먼 길이 있다.
> 잠들기 전에 가야 할 먼 길이 있다.

나는 은연중에 그가 시심詩心을 가다듬던 버몬트의 농가로 찾아갔다. 그곳은 이제 이 위대한 시인의 기념 박물관이 되어 시를 사랑하는 모든 사람들에게 개방되어 있었다. 말끔하게 정돈된 가옥 내부에는 아직도 그의 체취를 느낄 수 있을 정도로 가구며 생활용품들이 가지런히 진열되어 있었고, 앞마당에 높이 솟아 있는 국기 게양대에서 펄럭이는 성조기는 이 시인이 조국의 명예와 인간의 심성을 위해 무엇을 해내었는지 잘 말해

주고 있었다.

프로스트는 널리 알려진 바와 같이 현대가 낳은 가장 위대한 시인 중의 한 사람으로 꼽히고 있다. 그는 샌프란시스코에서 태어났으나 어린 시절 아버지가 병사하여 이곳 뉴잉글랜드 지방으로 이주한 이래 문자 그대로 맑은 날에는 밭을 갈고 비 오는 날에는 책을 읽으며, 소박한 농민들의 생활과 자연의 섭리를 노래함으로써 서구의 물질문명에 물들어 혼탁해진 현대인의 마음에 맑은 물줄기를 흘려보내 주었다. 그는 또한 가장 고전적인 미국인을 대표하는 사람으로서 청교도적인 자존심과 스러져가는 개척 정신을 고취시킨 애국 시인이기도 하였다. 케네디 대통령 취임식 때 그에게 자작시를 낭송해 줄 것을 당부함으로써 미국의 계관시인임을 널리 확인하였으며, 퓰리처상을 네 번이나 수상한 것은 그가 얼마나 미국인으로부터 사랑과 존경을 한몸에 받는 시인인지 잘 말해주고 있는 것이다.

프로스트는 무엇보다도 자연을 사랑하였다. 아니 그보다는 인간을 더 사랑하였다. 오히려 그에게 자연과 인간은 그대로 하나였다고 해야 옳을 것이었다. 그러한 점에 있어서는 물리학자인 아인슈타인이나 철학자인 러셀도 마찬가지였을 것이다. 그러나 시인으로서의 프로스트는 자연과 인간을 사랑하는 방법에 있어서 그들과 분명히 다른 데가 있었다. 사랑하는 여인 앞에서는 마음의 여유를 갖지 못하여 사물을 있는 그대로 볼 수가 없듯이 아인슈타인은 질량과 에너지와 광속이라는 개념을 통해서만 우주를 이해할 수 있었고, 러셀은 소위 '명제의 논리'에 힘입어 한정기술로 담을 수 있는 대상에만 존재의 의미를 부여했을 뿐이었다.

그러나 그는 사랑하는 자연과 인간을 위해 아무것도 하지 않았다. 질량을 측정하지도 않았고, 광속을 실험하지도 않았으며, 존재의 본질과 구조를 논리적으로 분석하기 위해 인공적 언어를 창출해내지도 않았다. 그는 다만 이러한 것들을 가장 잘 볼 수 있도록 조심스럽게 바라보고 담담한 심정으로 그것을 노래했을 따름이었다. 아마 이것이 현대의 물질문명과 기계기술에 찌든 우리들 모두가 그를 이토록 사랑하는 이유일 것이다.

사람들은 현대를 흔히 '과학의 시대'라고 말한다. 과학의 발달에 힘입어 고안된 온갖 종류의 편리한 기계들이 우리의 생활영역 구석구석에까지 파고들어와 있기 때문만은 아니다. 과학은 무엇보다도 생각 그 자체를 가능하게 하는 사고의 틀 혹은 기초적인 개념들을 뿌리째 흔들어 놓았다. 예를 들어 얼마 전까지만 해도 우리 인간은 '이성적 동물'이었다. 그것은 2,300년 전 그리스의 아리스토텔레스가 그렇게 규정한 이래 적어도 파블로프가 개를 실험하여 인간에게만 고유한 것으로 믿었던 신경질환적 증세를 추적해낼 때까지 부동의 진리였다.

그러나 이제 우리는 인간보다 훨씬 더 이성적인 기계가 있을 수 있다는 것을, 그리고 짐승보다 더욱 비열하고 충동적인 인간들이 주위에 얼마든지 있다는 사실을 너무나 잘 알고 있다. 이러한 사실은 무의식의 세계를 파헤쳐서 정신은 곧 의식이라는 종래의 관념을 깨어 버린 프로이드에 의해서 더욱 분명해졌다. 논리적인 분석과 합리적인 판단에 의해서 어떤 사람의 행동을 정확하게 예측하고 평가한다는 것은 가능하지도 않거니와 별로 큰 의미가 없다는 것이 입증된 셈이다.

또한 우리는 아직 실감나는 이야기는 아니지만 아인슈타인에 의해서 뉴턴 식의 절대적인 시간이나 절대적인 공간을 3차원의 세계에서만 의미를 지닐 뿐이라는 것이 입증되었다는 사실을 많이 들어서 알고 있다. 이와 같이 누구나 통상적으로 받아들이던 '인간', '정신', '시간' 혹은 '공간' 등의 전통적인 개념들이 실험과 관찰과 추론을 통한 과학적 발견에 의해서 무너졌기 때문에 우리는 현대를 과학의 시대라고 부르는 것이다.

현대 과학의 눈부신 업적을 높이 평가하고 과학적 이론의 구조를 분석하며 과학적 용어의 의미를 규정함으로써 존재의 세계를 새롭게 조명하려는 현대 철학의 가장 지배적인 조류의 하나가 소위 '분석철학'이다. 이 사조의 대표적 인물인 러셀은 그의 〈20세기의 철학〉이라는 논문에서 그 특징을 다음과 같이 요약해준다.

> 그것은 피안에 무엇이 있는지 알지 못한다. 거기에 무지를 진지로 둔갑시키는 묘수가 있는 것도 아니다. 이

진가를 인정해 주는 사람에게는 지적인 희열로써 보답하지만 대부분의 철학들처럼 인간의 자만심에 영합하려 들지는 않는다. 재미없고 너무 전문화된 데가 있다면 시인이나 신비가들이 원하는 방향으로보다는 수학적인 방법으로 역사하기로 작정한 우주 자체를 탓할 일이다. 이 점이 유감스러울 수도 있겠지만 결코 그렇게 생각되지는 않는다.

그러나 이러한 견해에 대해서 유감스럽게 생각할 사람은 시인이나 신비가만은 아닐 것이다. 무엇보다도 분석철학자로서의 러셀이 본 우주는 수학적인 혹은 논리적인 '틀'에 구겨넣어진 형식화된 우주에 지나지 않으며, 게다가 우주를 그러한 관점에서 바라보고 있는 인간 러셀은 그 틀 안에 들어 있지 않기 때문이다.

러셀과 같은 시기에 태어나서 같은 시대를 살다 간 프로스트는 전혀 다른 견해를 가지고 있었다. 우선 그는 러셀 식의 우주관이 옳다고 하더라도 그것은 '과학이 될 수 있는 부분'으로서의 우주에 지나지 않는다고 생각하였다. 그에 의하면 '과학이 될 수 없는 부분'으로서의 우주가 따로 있는 것이며, 따라서 우리들 자신의 삶에도 과학적으로 풀 수 없는 문제가 얼마든지 있다는 것이다. 그는 말년에 행한 어느 TV 연설에서 자기의 입장을 이렇게 피력한 적이 있다.

> 나는 지금 우리가 살고 있는 현재가 과거와 마찬가지로 올바른 시대가 되어 주기를 바라고 있습니다. 즉, 현재가 역사상 의의가 있는 한 시대가 되어 주기를 바란다는 뜻입니다. 우리는 지금 단번에 과학이 될 수 있는 것과 과학이 될 수 없는 것을 완전히 구별지어 버리려고 합니다. 우리는 결판을 낼 작정입니다. 그런데 우리 삶의 반은 과학이 될 수 있으나, 나머지 반은 과학이 될 수가 없습니다. 우리는 이 현대가 다 지나가기 전에 그 문제를 좀 더 자세히 알고 싶습니다.

나는 너무 높지도 않고 너무 낮지도 않은, 그러나 아무렇게나 널려 있는 돌무덤도 아닌 그의 유명한 '돌담'을 따라 거닐면서 길가에 떨어져 한가롭게 뒹구는 단풍잎을 하나 집어들었다. 그리고 그가 "좋은 담이 좋은 이웃을 만든다네."라고 읊었을 때 그것이 진정으로 무슨 뜻이었는가를 헤아려 보려고 애썼다. 과학과 예술 사이뿐만 아니라 마음이 가난한 우리들 모두에게 정말 '좋은 담'이 필요하다고 느끼는 순간, 이제는 점차 그 모습을 감추어 가는 우리 농촌의 그 정겨운 돌담들을 머리에 떠올리기도 하였다. 우리가 이처럼 허겁지겁 나지막한 돌담들을 불도저로 무너트리고 높디높은 시멘트벽을 쌓아 올리다가는 결국 우리들 자신이 판 동굴에 갇히게 될 것이 아닌가 하는 걱정을 해보기도 하였다. 그러는 동안 어느덧 내 발 앞에는 그의 '가을 숲에서 만나는 두 개의 길'일지도 모를 바로 그

길이 양쪽으로 뻗어 있었다. 언제까지나 거기 그냥 그렇게 서 있을 수는 없는 일이기 때문에, 혹은 프로스트 자신의 표현대로 '잠들기 전에 가야 할 먼 길이 있기' 때문에 나는 주차장으로 돌아와 단풍이 더욱 짙게 물든 뉴햄프셔 지방으로 차를 계속 몰았다.

고지대인 아팔라치아 산맥의 계곡을 따라 두 시간가량 달리면 가을철에 들어설 때마다 백양나무 숲으로 하얗게 뒤덮이는 '화이트' 산맥으로 접어들게 된다. 여기서 다시 30분 정도 달리다 왼쪽을 보면 차창에 갑자기 '프로파일'산이라고 불리우는 거대한 봉우리가 성큼 다가온다. 그 봉우리를 올려다보면 작은 혹 같은 것이 왼쪽으로 약간 돌출해 있는데, 이것을 자세히 살펴보니 영락없이 조금 야윈 듯한 어떤 노인의 얼굴 옆모습이다. 내가 이곳에 도착했을 때는 해가 서쪽으로 뉘엿뉘엿 기우는 시간이어서 그랬던지 역광으로 비춰진 그 봉우리의 장엄한 모습이 나를 덮칠 듯 가까이 다가오는 것 같았다. 이 얼굴 모습의 바위가 뉴햄프셔의 유명한 '산악의 노인'이며 미국인들로부터 가장 사랑받는 작가 중에 한 사람인 나타니엘 호돈의 단편소설 〈큰 바위 얼굴〉로 세상에 알려진 명소이기도 하다.

나는 프로스트의 시심에서 아직 헤어나지 못한 채로 그 큰 바위 얼굴을 보기 위해 허둥지둥 그곳에 달려간 것은 아니었다. 그러나 중학교 시절 국어 교과서에서 그 단편을 처음 읽었을 때부터, 주인공인 어네스트 소년이 이 얼굴과 꼭 닮은 인물의 출현을 기다렸던 것처럼 어렴풋이나마 한 번쯤 거기 가 보고 싶었던 것도 사실이었다. 그리고 막상 그 현장에 직접 가보고서야 비로소 그 짧은 이야기가 나에게 얼마나 깊은 감명을 주었던 것인지 되새길 수가 있었다. 그 이야기는 대강 이런 것이었다고 기억된다.

이 계곡에 흩어져 있는 마을에서는 오래전부터 언제인가 먼 훗날 당대에 가장 위대하고 존엄한 인물이 태어날 것인데, 그는 '큰 바위 얼굴'과 꼭 닮은 사람이라는 전설이 전해져 내려오고 있었다. 이야기가 진행됨에 따라 그 얼굴과 비슷하게 닮은 상인, 장군, 정치가, 시인 등이 등장하지만 그 예언에 걸 맞는 인물들은 아닌 것으로 드러난다. 그러나 그러한 인물의 출현을 그토록 안타깝게 기다리던 어네스트 소년이 성장해 가면서 점점 더 그 얼굴을 닮아 갔고, 마침내 자기 자신이 바로 그 큰 바위 얼굴의 주인공으로 판명되지만 본인은 이 사실을 완강히 부인하는 것으로 이야기는 끝이 난다.

나는 이 전설이 호돈에 의해서 만들어진 것은 아니라는 사실을 그곳에 가서 직접 확인한 셈이었다. 그러나 그것은 호돈이라는 예술가에 의해서 다시 태어났고, 거기에 새로운 의미가 부여되었다. 오늘날 그곳에 찾아가는 수많은 관광객들은 어느 지점에서 사람의 얼굴처럼 보이는 12m 정도 높이의 그 바윗덩어리를 보기 위해서라기보다는, 오히려 그 바위를 통해서 자아 발견의 계기를 마련하고, 동시에 자기 자신을 그 전설적 인물로 승화시킨 어네스트 소년을 만나러 오는 것이기 때문이다. 그것은 또한 그 소년을 동경하고 선망하는 사람들이 각기 진정한 의미의 자기를 만나고 싶은 심정의 표현일지도 모른다. 사람은 누구나 지금의 자기를 초극하여 완벽한 인간상으로 도약하려는 원망을 가지고 있기 때문이다.

문학 평론가들은 그 소설의 주인공 이름이 영어로 진솔함이나 성실성을 의미하는 '어네스트(earnest)'로 되어 있다고 하여 호돈이 그려내고자 하는 이상적 인물이 어떠한 유형인지에 대해서 여러 가지로 해석을 내리기도 한다. 어떤 사람은 전체적인 분위기로 보나 호돈이 개인적으로 흠모했던 사실로 보아, 시인이며 초월주의 계열의 철학자였던 에머슨(R.W. emerson)이 그 장본인이라고 주장한다. 또 어떤 사람은 영국 낭만주의의 대표적 문인이며, 자연파 계관시인이기도 했던 워즈워스(W. Wordswarths)일 수도 있다고 말한다. 아예 어떤 사람은 구세주인 예수 그리스도일 것이라고 단언한다. 이야기 전편에 걸쳐 기독교적 덕목인 사랑과 믿음과 소망이 면면히 흐르고 있기 때문이다.

나로서는 막연한 느낌이기는 하지만 진정한 의미의 자아를 찾으려는 노력으로 보나 자기가 그 인물이 아니라고 완강히 부인하는 점으로 보아, 특히 그 바위 얼굴의 투박하고 못생긴 점으로 보아 소크라테스와 닮은 데가 더욱 많다는 생각도 든다. 그러나 그것이 구체적으로 누구인지는 철학적 관점에서 볼 때 중요한 문제가 아니다. 참으로 중요한 것은 점점 더 황폐해져 가기만 하는 자기 자신의 내부를 더욱 더 철저하게 방황하며, 거기 어느 구석엔가 웅크리고 있을지도 모르는 참된 자아를 찾아 뉴햄프셔 사람들이 그 바윗덩어리를 소중하게 여기듯 자기를 사랑하고, 더 나아가 이상적인 인간으로 고양시킬 수 있도록 끊임없이 노력하는 일이다. 그리고 이것은 그 바위의 위치나 크기 혹은 연륜이나 나이 등을 과학적으로 분석해서 해결되는 문제가 아니다. 그 바위의 의미는 프로스트가 지적한 대로 '과학이 될 수 없는 것'에 속하기 때문이다.

해가 완전히 기울어 '프로파일' 산봉우리와 함께 그 '큰 바위 얼굴'의 모습도 어둠 속에 차차 묻혀버리고 있을 때 문득 관광의 어원인 주역의 '관국지광觀國之光'이라는 구절이 머리를 스쳐지나갔다. 이 말은 분명히 영어의 '경치보기(sight seeing)'보다는 좀더 깊은 뜻을 지니고 있다. 거기에는 '그 나라의 빛을 본다.'는 뜻이 담겨 있기 때문이다. 그렇다면 어떤 나라의 빛을 본다는 것은 무슨 뜻인가. 그 나라의 영토에 쏟아지는 햇빛을 본다는 뜻인가. 물론 그런 뜻도 있겠지만 분명히 그것만은 아닐 것이다. 나는 그것을 물질적인 빛으로보다는 오히려 정신적인 빛으로 해석하고 싶다. 이 정신적인 빛줄기를 따라 전설이 생겨나고, 그것이 더욱 완숙한 문화의 형태로 발전하였을 때 호돈의 〈큰 바위 얼굴〉 같은 작품으로 다듬어지며, 마침내 한낱 거대한 돌덩어리에 불과한 것이 우리가 상상할 수 있는 가장 이상적 인간의 상징물로 승화될 수도 있다. 이러한 관점에서 볼 때 '관광'의 진정한 의미는 그 나라 사람들이 갈고 닦아 온 정신의 빛, 즉 문화의 꽃을 음미하고 이것을 서로 공감하는 데 있다는 생각이 든다.

이제 완전히 어둠 속에 파묻힌 뉴햄프셔 주의 경계를 벗어나면서도 나는 그 '큰 바위 얼굴'이 지니고 있는 신비스러운 문화의 빛에 관하여 어떤 석연치 않은 상념을 좀처럼 떨쳐버리지 못하고 있었다. 우리는 만리장성이나 피라미드 혹은 타지마할에서 인간의 정신이 쌓아놓은 금자탑을 보고 경탄해 마지않을 수 없다. 또한 우리는 에베레스트 산이나 나이아가라 폭포 혹은 끝없이 뻗은 망망대해를 보고 자연의 위용과 그 섭리에 깊은 경외감을 느낄 수도 있다. 그러나 어느 정도 사람의 옆모습을 닮은 한 덩어리의 바위가 나에게 이토록 큰 감동을 주고, 어쩌면 지금까지 내 삶을 지배해왔듯이 앞으로도 계속 내 삶의 지표가 될지도 모른다는 상념에 젖게 되는 이유가 도대체 무엇일까. 결국 우리는 객관적으로 존재한다고 생각하는 사물 그 자체가 아니라 내가 보아낸 대상으로서의 현상을 경험하는 데 그칠 뿐이 아닌가. 만약 이것이 사실이라면 주위에 흩어진 현상들을 통해서 내가 보아낸 것은 고작해서 나 자신의 어떤 측면들에 지나지 않는다는 말인가.

나는 서귀포 해변에 쪼그린 채 외롭게 서 있는, 세상에 별로 알려지지 않아서 더욱 외로워 보이는 그 '바위 할머니'와 이

'산악의 노인' 사이에는 어떤 불교적 인연이라도 있는 것이 아닌가 하는 엉뚱한 상념에 젖어보기도 하였다. 생각이 여기에 이르자 그 외로운 할머니의 모습이 점점 눈앞에 다가왔다. 서귀포에서 서쪽으로 2km쯤 가면 삼매봉 앞바다에 우뚝 솟아 있는 20m 높이의 묘한 형상을 한 바위가 있는데, 외롭게 서 있는 바위라고 하여 공식적으로는 이름이 '외돌괴'로만 되어 있고, 윗부분이 할머니의 옆모습을 닮았다고 하여 '바위 할머니' 혹은 '할미 바위'라고도 불리우는 모양이다. 오랜 세월 끝에 비바람에 깎이고 파도에 살을 에인 돌기둥이 누군가를 기약도 없이 애처롭게 기다리는 노파의 모습 같아 몇 가지 이야기가 전해질 뿐 뚜렷한 전설이나 이 전설에 얽힌 나타니엘 호돈류의 작품이 알려져 있다고 듣지는 못하였다. 다만 이 고장 출신 시인인 현화진의 시비가 세워져 있어, 그 주변 풍치의 아름다움과 주민의 수난을 다음과 같이 노래할 뿐이다.

한라산 정기 뻗어
이룩된 큰 봉우리
세 송이 매화 닮아 삼매봉 되었던가
70리 푸른 굽이
외돌괴로 돌아드네
그 옛날 왜구들이 바다로 침노할 제
조상님 봉화들이 사위를 경계하니
여기가 탐라 지킨 망대가 완연코나

남극천 저 멀리서
노인성 반짝이고
수복을 비는 길손
남성대 메웠으니
아마도 지상 선경은
여기런가 하노라.

참으로 아름다운 시임에 틀림없다. 그러나 우리는 '외돌괴'를 덜 외롭게 하기 위해서라도 거기서 더 많은 것을 보아내고 더 깊은 의미를 찾아낼 수도 있었으리라. '프로파일'산 계곡의 주민들이 그 바윗덩어리에서 인간의 이상형을 찾아냈던 것처럼, 그리고 호돈이 그 의미를 더욱 심화시키고 보편화했던 것처럼, 우리는 그 신비스러운 모양의 돌기둥을 더욱 찬란한 정신의 빛으로 도금할 수도 있었으리라는 아쉬움을 나는 좀처럼 떨쳐버릴 도리가 없었다.

한 잎의 낙엽과 함께 온 누리에 가을을 맞은 '뉴잉글랜드'지방을 '구름에 달 가듯이 가는 나그네가 되어 며칠간 여행하는 동안, 비록 자연이 우리에게 무엇이겠는지를 완전히 터득하지는 못했을지라도 여기에 물리학자나 과학철학자들이 가늠할 수 없는 의미가 분명히 있다는 것을 실감할 수 있을 것 같았다. 무엇보다도 거기에는 프로스트가 말한 대로 '과학이 할 수 없는 부분'이 있었고, 그것을 러셀이 주장한 것과는 달리 시인이나 신비가만이 더 잘 보아내고 좀 더 깊이 있게 해석할 수 있는 영역이 있었다. 그 영역에는 숲길 따라 뻗은 돌무더기가 '좋은 담'이 되는 구체적인 이유와 어느 지점에서 옆얼굴처럼 보이는 바윗덩어리가 '큰 바위 얼굴'로 승화되는 과정이 담겨 있었다. 결국 과학은 실험과 관찰과 추론을 통해서 보아낼 수 있는 것만 볼 뿐이며, 그렇게 보아낸 것이 존재하는 것의 전부가 아니라는 사실을 나는 다시 한 번 깨닫게 된 것이다. 존재란 곧 의미의 존재이며, 과학적 의미는 자연이 우리에게 줄 수 있는 여러 의미 중 하나에 지나지 않기 때문이다.

로댕과 칼레의 시민들

런던에서 파리로 가려면 요즘엔 주로 항공편을 이용하게 마련이지만 과거엔 배로 도버 해협을 건너 프랑스의 해안 도시 '칼레'를 거쳐 가는 것이 보통이었다. 따라서 역사적으로 영국과 프랑스뿐만 아니라 유럽 대륙에 중대한 사건이 벌어지기만 하면 가장 예민한 반응을 나타내는 곳이 바로 이 칼레라는 인구 10만 정도의 작은 공업 도시이다. 나는 런던을 떠나 영불 페리호로 풍운의 해협 도버를 건너 파리로 가는 도중 잠시 이 유서 깊은 소도시에 들르기로 하였다. 용감한 칼레 시민들의 애환을 오래전부터 들어온 데다가 웨스트민스터 사원 앞에 서 있는 로댕의 〈칼레의 시민들〉이란 조각 작품이 매우 미묘하고 착잡한 감동을 주었기 때문이다. 더구나 이 작품의 원형은 칼레의 시청 앞 광장에 세워져 있지 않은가!

칼레는 영국과 대륙을 잇는 길목에 위치해 있기 때문에 반도에 자리잡은 우리나라의 운명처럼 수난과 질곡을 많이 겪은 도시이다. 그래서인지 칼레의 시민들은 우리나라 사람들처럼 매우 의지가 굳고 자존심이 강하며 진취적인 성격을 지닌 것으로도 잘 알려져 있다.

칼레는 원래 작은 어촌으로 시작되었으나 1200년경 성곽을 쌓고 요새화되면서 변경 도시로서의 면모를 갖추기 시작하였다. 이 작은 도시가 갑자기 서양사의 전면에 등장하게 된 것은 왕위 계승 문제가 발단이 된 영국과 프랑스의 이른바 백년전쟁에서 주민들이 아사지경에서도 거의 일 년간이나 완강하게 저항한 사실 때문이었다. 결국 영국의 에드워드 3세에 의해 함락되었고 이후 1558년 귀스 공작이 다시 탈환할 때까지 2백 년 이상이나 영국의 영토로 남아 있었다. 그 후 다시 스페인에 의해 2년간 점령되었다가 반환된 적이 있고, 1805년에는 나폴레옹이 영국 정벌의 요새로 삼아서 이 도시가 완전히 병영화되기도 했었다. 2차대전 때에는 나치 독일 요새가 되어 최후의 순간까지 저항했기 때문에, 종전 후 폭격으로 인한 참혹상은 이루 형언하기 어려울 정도였다고 한다. 어느 정도 복구된 지역에 13세기의 전망탑 하나가 기적적으로 남아 있어 칼레의 수난과 굴욕과 영광을 모두 호소하려는 듯 외롭게 우뚝 서 있는 것이 무척 인상적이었다.

칼레 시청 앞 광장에 자리잡은 로댕의 작품 〈칼레의 시민들〉은 7년간의 제작 기간을 거쳐 1889년에 처음으로 공개되었으니 이제 백이십여 년이 넘은 셈이다. 이 조각은 칼레의 어느 부유한 예술 애호가의 청탁에 의한 것이었고, 원래는 백년전쟁 당시 에드워드 3세로부터 이 도시를 구하고자 했던 생피에르(Eustache de Saint-Pierre)의 동상 하나만 세우려 했던 터였다. 청탁을 받고 로댕은 될 수 있는 한 이 영웅에 관한 모든 기록을 수집하려고 애썼다. 특히 그는 14세기의 역사가인 프롸사르(Jean Froissart)의 〈연대기〉를 읽고 크게 감동하였다. 기록이 자세하고 생생할 뿐 아니라 천재적 예술가의 예혼藝魂을 자극하기에 충분할 정도의 애국적 정열과 충동을 담고 있었기 때문이었다.

그것은 백년전쟁 초기에 일어난 사건이었다. 에드워드 3세는 프랑스 왕위를 계승하려는 야심을 품고 도버 해협을 건너 노르만디에 대군을 이미 상륙시켰으며, 크레시전투에서 대승한 다음 여세를 몰아 칼레로 돌진하였다. 그러나 뜻밖에도 영국군은 여기서 완강한 저항에 부딪히고 말았다. 해협으로부터 혹심한 포격을 받고 빗발 같은 화살이 연일 퍼부었으나 칼레의 시민들은 일치단결하여 일 년간이나 항전을 계속하고 있었다. 그러나 차츰 성곽이 무너지고 시민들은 모두 질병과 굶주림으로 쓰러져 가고 있었기 때문에 더 이상 버틸 도리가 없었다. 이런 저항에 격분한 국왕은 칼레로 진격하기에 앞서 최후통첩을 보냈다. 그 내용은 이런 것이었다.

'이 시에서 가장 부유한 사람 여섯 명을 골라 속옷만 입고 맨발에 밧줄로 목을 감은 채 찾아와서 칼레 시의 열쇠를 바치면 살육과 초토화는 면할 수 있을 것이다.'

이 전갈을 받고 선뜻 나선 사람은 생 피에르와 그의 동료 다섯 사람이었다. 그동안 부와 명예와 행복을 누렸던 자기들의 목숨은 칼레의 운명을 위해서 바쳐져도 좋다고 생각했기 때문이었다. 이들은 원로들의 승낙을 얻고 굶주린 채 통곡하며 몸부림치는 수많은 군중의 호송을 받으며 에드워드 3세의 진영에 도착하였다. 결국 이 모습에 감명을 받은 왕비의 탄원에 힘입어 그들은 목숨을 건질 수 있었다. 조국의 명예와 시민들의 안전을 위해 온갖 수모와 고통을 참고 견디며 기꺼이 생명까지 바치기로 했던 이들의 영웅적 거사는 지금까지 프랑스의 자랑으로 널리 기억되고 있다.

로댕은 이 기록을 읽고 칼레가 생 피에르 한 사람에 의해서 지켜진 것이 아니라는 사실을, 그리고 시민 모두의 치열한 애국심이 그 여섯 사람의 기백 속에 담겨 있었다는 진실을 간파하였다. 이것이 바로 그가 여섯 사람의 몸짓이 한꺼번에 어우러져 시민 모두의 얼 그 자체가 제대로 표출되도록 이 작품을 구성한 이유였다. 물론 그는 여섯 사람을 비슷한 크기로 각기 개성과 특성을 살려서 따로 제작하였다. 처음 주문을 받았을 때에는 피라미드형으로 전통적인 기념상처럼 만들려고 했었으나 오히려 더욱 단조로워질 것 같아서 따로 떼어 조각하였다고 한다. 더구나 이 개성 있는 인물들은 다시 분해되어 옷이 벗겨진 상태에서 먼저 조각된 것이 있고, 전율을 담은 손이나 고통스러운 표정의 머리가 따로 제작되는 등 오랜 연구와 습작의 기간을 거친 것으로 알려져 있다. 또한 예술가인 로댕 자신만의 감성과 인식만을 담기에는 이미 너무나 널리 알려진 작품이었기 때문에 여론을 전혀 무시할 수가 없었다고 전해진다.

예를 들어 이 군상 중에 가장 연장자이며 중심인물이라고도 할 수 있는 생 피에르를 영웅적인 기상의 주인공으로 나타내 주기를 시민들은 바랐으나 로댕은 이 요구를 거부하고 스토아 철학자를 연상시키는 체념의 표정을 담았다. 그러나 항복의 표시로 에드워드 3세에게 증정할 열쇠를 들고 있는 장대르는 원래 몸 전체에 슬픔을 가득 담고 얼굴에는 눈물 자국까지 있는 모습이었으나 여론에 못 이겨 야성적인 힘을 담은 의지의 사나이로 바꾸었다. 그리고 앙드리에 당드로의 머리를 감싼 모습은 어느 신문에서 '절망감에 못 이긴 나머지 이 불행한 인물은 너무 몸을 수그렸기 때문에 자신을 기다리고 있는 고통의 늪 속으로 빠져버릴 것만 같다.'고 논평한 후 어느 정도 수정되었다. 장 드 피엔느의 모습은 상반신이 벗겨져 있는 습작이 남아 있으나 완성된 작품에는 긴 옷이 걸쳐져 있다. 자크 드 위쌍의 것으로 알려진 오묘한 형태의 손, 머리와 팔이 없는 피에르 드 위쌍의 나체 등은 이 작품을 만드는 데 어떠한 노고와 연구와 수정의 과정이 필요했는지를 잘 나타내고 있다.

요컨대 거기에는 인생을 달관한 어떤 노인의 담담한 표정과 또 다른 노인의 회한과 장년의 수모, 젊은이들의 울분과 분노가 모두 담겨져 있다. 인상파적인 로댕 특유의 수법으로 그냥 내버려둔 여백 속에 이처럼 착잡한 감정들의 복합이, 그리고 그러한 상황에서 생겨날 수 있는 그 밖의 모든 감정들이 용광로처럼 들끓고 있었다.

그것은 한 시대에 굵은 선을 그은 위대한 예술가의 어떤 절박한 역사적 상황에 대한 인식이며, 동시에 그 누구를 향한 단순한 애증이 아니라 자아를 관통하여 인류애로까지 승화된 진정한 조국애의 한 해석이기도 하였다. 이 작품 속에서 로댕은 한 사람의 통찰력 있는 철학자가 되었다. 그곳에 모습을 드러낸 사람들은 영국인이 아닌 것처럼 프랑스인도 아니며, 에드워드 3세의 침공을 받은 그 당시 칼레의 시민들은 더구나 아니었다. 그것은 언제 어디서나 볼 수 있는 인간의 살아가는 모습이며, 로댕은 이것을 역사적 상황의 묘사를 통해 재현했기 때문에 프롸사르와 같은 역사가가 아니라 차라리 헤겔과 같은 역사철학자의 임무를 수행했다고 보아야 할 것이다.

헤겔은 그의 〈역사철학 강의〉에서 '개별적인 것은 대부분 보편적인 것에 비하면 너무나 하찮은 것'이기 때문에 '개인은 각기 희생으로 바쳐지고 버림을 받는다.'고 가르친다. 그렇다고 해서 알렉산더나 시저 혹은 나폴레옹처럼 영웅의 경우에는 예외가 된다는 뜻이 아니다. 그들도 요절하거나 살해당하고 혹은 외딴섬으로 유배됨으로써 '절대 정신의 자기표현'인 역사의 급류에 휩쓸려 갈 뿐이다.

나는 〈칼레의 시민들〉이라는 작품에서 도버 해협의 급류에 흘러가는 인간의 운명이 매우 충격적으로 묘사되고 있음을 읽어낼 수 있었다. 그런 의미로 로댕은 리차드슨의 표현대로 "삶과 접촉하기 위해 언어를 뚫고 들어간" 한 사람의 역사 철학자였다고 해도 좋을 것이다. 물론 로댕의 언어는 프롸사르의 서술적인 언어나 헤겔의 규범적 언어와는 판이하게 다르다. 언어는 그것이 어떤 형태로 나타나든지 먼저 개념화의 작업을 거치지 않으면 안 되고, 개념화한다는 것은 이성적으로 사유한다는 뜻이므로 이성적이고 합리적인 그물로 걸러진 경험 세계만이 언어의 형식으로 표현되기 마련이다.

그러나 로댕이 사용한 언어는 이런 종류의 언어가 아니다. 그것은 언어가 그 전체로 받아들이는 개념의 틀을 드러내는 언어이며, 그 틀의 한계와 의미를 명백히 규정하는 언어이다. 따라서 그것은 역사가나 철학자가 표현할 수 없는 것을 전달하는 매개체인 것이다.

쇼펜하우어(A. Schopenhauer)는 그의 〈의지와 표상으로서의 세계〉에서 진정한 의미의 예술가는 심지어 자연 그 자체로서도 스스로 말할 수 없는 것을 '미의 형상'을 통해서 드러낸다고 주장한다. 그는 이렇게 말한다.

> 진정한 천재는 개별적인 사물에서 이데아를 인식하며, 그리하여 이를테면 자연이 어설프게 하는 말을 이해하고 좀 더 나아가 자연이 더듬기만 하는 내용을 명백하게 표현한다. 예술가는 자연이 수천 번이나 만들고자 시도했으나 실패하고 만 미의 형상을 견고한 대리석에 새긴다.

말하자면 그는 미의 형상을 자연에게 보여 주면서 "이것이 바로 네가 말하고자 했던 것이다."라고 말하는 셈이다. 그리고 이에 대한 판단을 내릴 수 있는 사람이라면 누구나 이렇게 단언한다. "그렇다. 바로 그것이다."

우리는 이와 비슷한 견해를 역사와 문명에 대해서도 피력할 수 있을 것이다. 그리하여 로댕은 프롸사르나 헤겔뿐만 아니라 에드워드 3세와 생 피에르를 비롯한 칼레의 시민들에게, 그리고 역사와 문명을 엮어 온 인류 전체를 향해 그 작품을 통해서 "이것이 바로 우리들 모두가 말하자고 했던 것이다."라고 절규하고 있는 셈이다. 이것이 사실이라면 예술가는 리차드스가 지적하는 바와 같이, 피상적 이분법을 넘어서는 좀 더 심층적인 측면에서 삶을 조명해야 한다. 그는 이렇게 주장한다.

> 우리가 삶에 대해 언급할 때는 삶의 표면을 통해 아는 삶이 아니라 형상들이 결코 도달할 수 없는 덧없고 유동적인 중심을 말하고 있음을 깨달아야 한다. 또한 우리 시대에 아직도 정말 저주스럽고 끔찍한 일이 있다면 그것은

화형대 위에서 불꽃으로 이렇게 살라고 신호를 보내면서 타오르던 순교자들처럼 살지는 않고 형상들과 더불어 예술적인 희롱이나 일삼고 있다는 사실이다.

이러한 경고는 예술이 정치나 윤리 혹은 종교의 도구가 될 수 없음을 잘 말해주고 있다. 예술이 예술가 자신의 충동에 속박당하고 국가적 정의와 윤리적 이상과 종교적 진리를 표방하는 수단으로 이용될 때 그것은 이미 형상들과 더불어 예술적 희롱이나 일삼는 작업으로 전락되고 말기 때문이다. 이것은 '민중'이라는 이름으로 미화되는 여론의 경우에도 예외가 아니다. 진위眞僞나 성속聖俗이 다수결의 문제가 아닌 것처럼 미추美醜의 기준이 여론에 좌우될 수 없으며 마찬가지 이유로 선악의 도덕적 판단에 맡겨질 수도 없는 것이다. 크로체(B. Croce)는 이 점에 대해 이렇게 말한다.

실제로 예술은 이미 오래전에 파악된 바와 같이 의지의 활동에 의해서 생겨나는 것은 아니다. 사람을 선량하게 하는 선의가 예술가를 만드는 것도 아니다. 또한 예술은 의지적인 행위에 의해서 생기는 것이 아니므로 면제의 특권에 의해서가 아니라 단순히 도덕적인 특성들을 적용할 수가 없기 때문에 도덕성을 지녀야 한다는 의무가 면제된다. 예술가는 도덕적인 칭찬이나 비난을 받을 만한 행위를 상상해서 표현할는지도 모른다. 그러나 그의 표현은 상상이기 때문에 칭찬이나 비난을 받을 만한 것은 아니다. 상상적인 표현을 사형에 처하거나 투옥할 수 있는 형법은 없을 뿐만 아니라 아무리 도덕적 분별을 중요하게 여기는 사람일지라도 상상적인 표현을 도덕적 판단의 대상으로 삼을 수는 없다.

만약 이것이 사실이라면 민족주의나 조국애라는 미명 아래 칼레의 '영웅'들이 일그러진 모습으로 수정될 수밖에 없었다는 것은 역시 유감스러운 사건이었다고 해야 할 것이다. 〈칼레의 시민들〉이란 작품은 칼레라는 도시와 거기에서 살았던 사람들의 역사 없이는 불가능했겠지만, 그렇다고 해서 그것이 칼레 시민들의 소유물일 수는 없으며, 바로 그렇기 때문에 그들의 자존심을 빙자하여 로댕의 예술성이 퇴색되어서는 안 된다는 것이다. 그 '영웅들'의 모습은 서양사의 어느 시기에 등장했던 역사적 인물들의 몸부림이 아니라 인간성 자체를 표출한 인류의 실상이기 때문이다.

나는 어느새 이 〈칼레의 시민들〉의 몸짓 속에서 삼전도의 굴욕을 못 이겨 목숨을 바친 홍익한, 윤집, 오달재 등 삼학사의 처절한 몸부림을 보고 있었다. 청나라에까지 끌려가 치욕의 옥살이를 했던 김상헌의 고통스러운 몸짓과 함께 그가 남긴 시조를 듣는 듯하였다.

가노라 삼각산아 다시 보자 한강수야
고국 산천을 떠나고자 하랴마는
시절이 하 수상하니 올동말동하여라

그리고 조국을 지키기 위해 목숨을 헌신짝처럼 아무 미련도 없이 버렸던 그 숱한 선열들의 비장하고도 장렬한 모습이 눈앞에 어른거렸다. 나는 그들의 몸짓들이 어떤 형식으로든지 어디엔가 재현되었으면 좋겠다는 생각을 하고 있었다. 그들의 존재 이유가 오늘날 우리들에 의해서 깊이 음미되고 또 확인되지 않으면 아무도 그 작업을 대신 수행할 수가 없다. 그렇게 되면 그들의 몸짓은 아무런 의미를 지니지 않게 될지도 모른다. 그리하여 마침내 오든(W.H. Auden)이 노래했듯이 '우리들 자신의 세계를 건설하기 위하여 그들을 우리가 살해했다.'는 사실을 망각해 버릴 수도 있는 것이다. 칼레를 떠나면서 나는 우리에게 백 명의 백만장자보다는 한 사람의 로댕이 더욱 절실하게 필요하다는 생각을 하고 있었다.

진검승부의 정신

내가 이웃나라인 일본에 다녀올 수 있었던 것은 벌써 오래전 이야기지만 공교롭게도 교토의 사학회관에서 개최된 '국제 미국학 세미나'에 참석하기 위해서였다. 여기서 '공교롭다.'는 것은 철학적인 이유로 그곳에 간 것도 아니고 일본의 사상과 문화를 다루는 회의에 참석한 것도 아니었기 때문이다. 그러나 평소에 일본과 일본인, 그리고 일본 문화에 상당한 관심을 쏟아왔던 나에게 처음으로 그곳에 방문할 기회가 주어졌다는 것은 솔직히 말해서 여간 즐겁고 뜻깊은 일이 아니었다. '보는 것이 믿는 것'이라는 말도 있듯이 가깝고도 멀게만 느껴지는 일본이야말로 직접 가서 확인해보고 싶은 아리송한 나라였으며, 특히 요즈음에는 서로 상대를 많이 의식해야 하는 입장에 있는 것도 사실인 것이다. 이왕 이렇게 한 번 내친걸음이니

오다 미노루小田 實의 책 제목처럼 '무엇이든지 보아 주련다'하는 기분으로 장도에 올랐다.

사실 열흘 동안 주로 교토에 머물며 회의 때문에 바빴었고 틈틈이 오사카, 나라, 그리고 귀국길에 도쿄에 잠깐 들렀을 뿐이니까 일본을 제대로 구경했다고 볼 수는 없다. 그러나 웬일인지 일본의 핵심을 보고 왔다는 느낌이 드는 이유는 아마 도쿄로 나를 초대해 준 동경외국어대학교의 경제학 교수인 고나미小浪充 씨와의 대화 덕분일 것이다. 그는 나를 도쿄의 중심가로 안내해 주었고, 자기가 고문으로 있는 이름난 부호 와다나베 가家의 사람들을 소개하기도 하였으며, 저녁에는 휘황찬란한 밤거리를 같이 거닐기도 하였다. 거기에는 엄청난 규모의 물질적 풍요와 흥청거림이 있었고, 호화로움과 관능적 쾌락과 하늘로 치솟을 것만 같은 생동감이 있었다. 그러나 이에 못지않게 가슴을 짓누르는 듯한 정신적 도야와 극기의 아름다움과 전통적 가치를 무엇보다도 소중히 여기는 문화적 자존심도 있었다. 나는 속으로 놀라기도 하고 부끄럽기도 하여 짐짓, "무엇이 이 모든 것을 가능하게 하였는가."하고 물어보았다. 그는 한참 동안 골똘히 생각하더니 자기는 그냥 전할 뿐이라고 하며 "신켄쇼부眞劍勝負"라는 단 한마디를 혼잣말처럼 중얼거렸다. 그것은 곧 와다나베 재벌 총수의 생활 신조였던 것이다.

"역시……." 나는 일본에서 검성劍聖으로 일컬어지는 미야모토 무사시宮本 武藏를 머릿속에 떠올렸다. 그는 바로 무사도

武士道의 화신化身이고, 무사도는 '진검승부'의 정신으로 집약될 수 있으며, 오늘날의 일본을 가능하게 한 것은 바로 이 정신임에 틀림없다고 생각되었기 때문이었다. 사실 회의에 참석한 여러 일본 학자들과의 대화를 통해서, 그리고 길거리나 상점 등에서 만난 사람들의 표정과 태도에서 나는 그 정신을 읽을 수 있었고, 교토의 궁전이나 오사카의 궁성, 나라의 사찰, 미시마 유키오의 ≪긴가쿠사金閣寺≫뿐만 아니라 밤거리를 활보하는 청소년들이나 가부키의 연출, 심지어는 시중드는 게이샤의 몸짓에서도 그 정신의 편린을 느낄 수 있었던 것이다. 그러므로 나의 일본 여행은 바로 그 '신켄쇼부의 정신'을 확인하고 이해하는 수업의 일환이었다고 해도 좋을 것이었다.

나는 '미국 민주주의의 재평가 : 미국 사회사에서의 계급, 인종 및 소수 민족'이라는 주제가 걸린 사회사 분과에 참석하였다. 이 분과에서는 뉴욕 시립대의 거트먼(Herbert G. Gutman) 교수가 특별히 초대되어 주제 발표를 했을 뿐만 아니라 다른 발표자의 논문에도 일일이 강평을 맡아 주어서 이해에 큰 도움이 되었다. 나는 〈신앙의 한 형태로서의 인종주의〉라는 논문을 발표하였다. 사회사가 원래 내 전공은 아니지만 평소에 지역감정이나 인종문제 혹은 남녀평등 등 인권에 관한 문제에 많은 관심을 가지고 있었으므로 그 주제에 맞추어 미리 요약문을 보낸 것이 다행히 채택되어 이번 기회를 얻게 된 것이다. 나는 이 논문에서 미국의 경우뿐 아니라 일반적으로 인종주의란 인류학적, 사회심리학적 혹은 사회사적인 차원을 넘어 형이상학적 이유에 근거를 두고 있으며, 특히 미국에서는 이것이 미국적 가치와 이익을 옹호하기 위한 수단으로 사용되었다고 주장하였다. 말하자면 인종의 구별이 객관적인 사실에 바탕을 두고 있다기보다는 다양한 차이를 주관적으로 설정해 놓은 다음 그 기준에 따라 인종을 구분한다는 내용이었다. 물론 인종들 사이에 어느 정도의 차이점들이 있는 것도 사실이지만 일정한 목적을 위해 그것이 불합리하게 왜곡되거나 너무 과장되고 있다는 것이다. 더구나 이러한 시도는 합리성을 바탕으로 해서 정당화되는 것이 아니라 존재론적 신념이나 종교적 신앙의 형태를 띠는 경향이 있다고 역설하였다.

발표 후 여러 가지 논의가 오고갔는데, 특히 중국 사회과학원 미국사 연구실의 주임으로 있는 양생무 교수의 질문이 매우 인상적이었다. 그는 특히 경제 현상과 인종주의의 상관관계에 관해 물었는데, 마르크스주의자로서의 그는 '경제'라는 어휘를 너무 넓은 뜻으로 쓰고 있는 것 같았다. 모든 것을 경제 현상의 일환으로 본다면 그렇게 보일 수도 있겠으나, 문제는 모든 현상이 하느님의 섭리라고 주장하는 것과 같이 호소력이 약화될 우려가 있는 것이다. 거트먼 교수는 나의 논문은 구체적인 자료와 사례들을 바탕으로 해서 보완되지 않으면 안 된다고 지적해 주었다. 물론 고마운 지적이다. 그러나 나는 개념분석적 방법론을 도입하였으므로 나의 결론을 정당화하는 데 있어서 경험적 검증은 별로 도움이 안 되는 것이다.

이렇게 나는 남의 잔치에서 서투른 시 한 수 읊은 기분으로 논문을 하나 발표하고는 유유히 거리로 나섰다. 주머니에는 논문 발표의 대가로 받은 일본 돈도 두둑하여 여행자의 정취를 달래기에는 안성맞춤이었다. 기왕에 돈을 벌러 그곳에 간 것도 아닌 바에야 그야말로 '무엇이든지 보아 주러' 거리로 나섰다. 무엇보다도 우선 나는 일본 사상계의 가장 영향력 있는 인물 중에 한 사람이며, 2차 세계대전 중 일본 지성인의 양심을 대변하기도 했던 이마즈 아키라 교수 댁을 방문하였다. 그는 '일본 아메리카학회' 회장직을 맡고 있고, 교토 대학교 교수로 재직했었는데, 지금은 은퇴하여 명예 교수로 있다. 교토 시 근교에 위치한 그의 집은 온통 대나무 숲으로 둘러싸여 있고, 앞마당을 작은 개울이 가로질러 흐르니 마치 신선의 처소인 양 풍치가 매우 아름답고 또 신비롭기까지 하였다. 안내를 맡은 오사카 외대의 마쯔다 다케시 교수가 나를 그에게 소개하였다. 우리는 정갈하게 치워진 다다미 응접실에 자리를 잡았다. 나는 한국 아메리카학회 회장인 김용권 교수의 서신과 그와 오랫동안 친분이 있는 이보형 교수의 안부를 전했다. 그는 몹시 반가워하며 과일과 차를 대접하였다. 말로만 듣던 다례茶禮의 일부를 지켜보는 동안 나는 일본인의 의식구조와 사고방식을 다시 한 번 확인할 수 있을 것 같았다. '이 사람들은 모든 일에 최선을 다하는구나! 차 한 잔을 따르는 데도 마치 목숨을

걸듯이 이토록 엄숙하고 진지하다니…….'

나는 그 전날 오후 거리를 헤매다가 우연히 들렀던 어느 찻집에서 이것저것을 묻자 서슴지 않고 일곱 가지 다른 차를 끓여내어 맛보게 했던 중년 부인의 모습을 떠올렸다. 이러한 태도에서 일본인 특유의 '진검승부 정신'을 보는 것은 너무 비약일까. 그러나 이어령 교수에 의하면 반드시 그렇다고 볼 수는 없다. 그는 『축소 지향의 일본인』에서 이렇게 말한다.

> 다실의 연기는 무대의 그것보다 한층 더 진지하다. 무대 위의 연기는 허구虛構이기 때문에 마치 나무칼을 들고 싸우는 것 같지만, 다실에서 진짜 차가 왔다갔다하는 연기는 실제로 끓이고 실제로 마시는 것이니까 진짜 칼로 시합하는 것과 같다. 그야말로 '신켄眞劍'이 안 될 수 없다. 연극 무대는 넓고 관객을 멀리 떨어져 있으나 다실의 그것은 좁기 때문에, 바로 눈앞에서 보고 있기 때문에 모두 건성건성 해치울 수가 없다.

그는 이어 이렇게 설명한다.

> 그래서 다회에 초대된 손님은 차 한잔을 대접하기 위해 얼마나 애쓰고 있는가를 알 수가 있고, 주인이 또 얼마나 진정으로 차를 달였는가를 하나하나 체득할 수가 있다. 또 주인은 주인대로 손님이 얼마나 감사하면서 경건하게

차를 마시는가의 반응을 몸으로 직접 느낄 수가 있다. 일방적으로 주고 일방적으로 받는 주객의 대좌對座 관계에서는 맛볼 수 없는 일이다. 그러므로 다실에서 연출된 그 자리는 주인의 것도 아니요, 손님의 것도 아니다. 이것을 거꾸로 말하자면 그것은 주인의 것이며, 손님의 것이기도 하다. 이찌자一座 관계는 운명 공동체적인 자리이다.

바로 그 차 한잔 때문에 나는 이마즈 교수와의 불필요한 거리를 금방 제거할 수 있었다. 우리는 일본의 제국주의를 함께 매도하였고, 대학생들의 지나친 현실 참여를 동시에 우려하였다. 이윽고 그는 현대사의 행방을 어떻게 생각하는지 물었다. 내가 먼저 묻고 싶은 질문이었다. 나는 망설이다가 "우리가 과거나 현재에 집착하지 않고 미래를 위해 무엇을 같이 할 수 있는지 찾아내는 데 달렸다고 봅니다. 눈을 뒤나 옆, 혹은 앞만이 아니라 대각선으로 돌려야 하겠지요."라고 대답하였다. 그는 한참 동안 고개를 끄덕이다가 담배를 한 대 권하였다. 나는 사양하였다. 그는 내게 담배를 피울 줄 모르느냐고 물었다. 나는 "웃어른 앞에서 담배를 피우지 않는 것이 우리나라의 관습입니다."라고 대답하였다. 그는 아직도 그 관습이 지켜지느냐고 물었다. 나는 그렇다고 대답하였다. 그 순간 그는 얼굴에 어두운 빛을 띠며 일본인들의 도덕적 타락을 개탄해 마지않았다. 나는 갑자기 부끄러움을 견디기가 어려웠다. 그런 뜻이라면 내가 말한 것은 사실과 부합되지 않음이 명백하기 때문이다.

사실 미시마 유키오三島由紀夫의 그 화려한 죽음도 바로 이러한 맥락에서 이해될 수 있으리라고 생각된다. 그는 일본 전후 세대를 대표하는 탐미적 작가 중의 한 사람으로서 니힐리즘이나 이상 심리를 다룬 작품을 많이 썼다. 가장 완숙한 기법으로 그의 예술 세계가 표출된 작품은 ≪긴가쿠샤≫로 알려져 있는데, 여기서는 이 절에서 기식하면서 소외와 무력감에 시달리다가 마침내 이 유서 깊은 문화재를 불사르는 한 청년의 실화를 다루고 있다. 그것은 일본이 그 혼을 잃어가고 있다고 판단하여 재무장을 부르짖으며 방위청사에서 할복하는 그 자신의 운명을 예견하는 내용이었다.

나는 새로이 복원된 긴가쿠샤의 경내를 거닐면서 미시마의 죽음이 과연 무엇을 의미하는지 생각해보았다. 그는 46세의 나이에 실로 많은 것을 해냈다. 40편의 소설과 18편의 희곡을 냈으며, 20권의 단편집과 이 밖에 많은 평론을 썼다. 그는 영화를 만들었고, 성 세바스찬 역을 맡은 배우이기도 했으며, 오케스트라를 지휘하기도 했다. 그는 또한 검도 5단의 실력을 갖춘 수준급의 무인이며 근육질의 사나이였다. 세계일주 여행을 일곱 번이나 했고, 노벨 문학상 후보로 세 번 추천된 적도 있다. 그러나 ≪미시마≫라는 전기를 쓴 프린스턴 대학교의 네이턴(John Nathan) 교수가 지적하는 바와 같이 그는 '그가 원하는 것을 한 번도 해본 적이 없는 사람'이었다. 그는 이렇게 말한다.

내가 아는 한 그가 산 삶의 줄거리는 주로 죽음에 대한 성애적인 매혹으로 나타난다고 말할 수 있을 뿐이다. 미시마는 평생 동안 죽기를 열망했었고, 그 고통스런 '영웅적' 죽음에 전 생애의 환상을 처방하는 수단으로서 상당히 의식적으로 '애국주의'를 선택했다는 것이다. 그는 말년에 보여준 열렬한 민족주의가 속임수였다고 반드시 믿는 것은 아니다. 그러나 그의 자살은 사회적인 것이 아니라 본질적으로 개인적인 것이며, 애국적이 아니라 성애적이었다고 생각된다. 나의 해석이 전적으로 옳다고 주장하지는 않는다. 그것이 진실이라고 굳게 믿을 뿐이다.

나는 네이턴 교수의 해석을 긍정하거나 부정할 의도는 없다. 다만 고나미 교수의 말대로 오늘의 일본을 가능하게 한 것이 '진검승부'의 정신이고, 그 전형이 미사마의 삶과 죽음에서 추적되며, 이것을 사회적이고 애국적인 것이라기보다는 개인적이며 성애적이라고 해석할 수 있다면, 일본인을 지배하는 의식 구조나 가치관은 실리적이거나 윤리적이라기보다는 차라리 탐미적이라고 규정해야 한다는 것이다. 사실 이러한 측면을 나는 여러 곳에서 보아낼 수 있었다. 긴가쿠샤라는 사찰의 구조나 형태에서는 말할 필요도 없고 오사카에 있는 토요토미 히데요시豊臣秀吉의 성곽이나 나라에 있는 여러 사찰들과 신사神社의 양식 등이 정치적 혹은 종교적 기능보다는 그 심미적 측면에 더욱 신경을 쓴 인상을 받았다. 물론 심미적인 면과 기능적인 면이 뚜렷하게 구별되는 것이 아니고 탐미적인 것과 윤리적인 것이 서로 배타적이어야 하는 것도 아니다. 이 모든 가치들이 더욱 심화될 때 궁극적으로는 플라톤의 존재론적 선善인 아가톤(agaton)의 이데아로 흡수되는 것일 수도 있다. 그러나 비록 이것이 사실이더라도 일본인들의 '진검승부' 정신에 나타난 가치관은 어떤 종류의 윤리관과도 들어맞지 않는다. 우리는 그 전형적인 예를 미야모토 무사시의 경우에서 찾아볼 수 있을 것이다.

미아모토는 도쿠가와 이예야스 시대의 이름난 무사이다. 그는 사무라이가 되어달라는 권유를 뿌리치고 다쿠앙이라는 선승禪僧의 감화를 받아 심신을 단련하고 수양을 쌓아 마침내 '검성劍聖'의 경지에 이른 사람이다. 그는 생애를 통해 중요한 대결 60회를 치렀으나 단 한 번도 패한 일이 없었다. 당대의 검객 사사키 고지로와의 결투는 수많은 군중 앞에서 삿대를 깎아 만든 목검으로 치러진 것이었다. 이미 그에게 목검과 진검 사이에는 아무런 차이가 없었다. 이 결투를 마지막으로 여생을 수도와 서화 및 선시禪詩에만 몰두하였는데, 그는 이 분야에서도 일가一家를 이룬 인물로 알려져 있다. 무사시는 ≪오륜五輪의 서書≫라는 저서를 남겼으며, 여기에는 그의 '공空' 사상과 '진검승부'의 정신이 잘 조화되어 있다. 가령 우리는 다음과 같은 시를 찾아볼 수 있게 된다.

높이 치켜든 칼 아래
그대로 전율케 하는 지옥이 있다
그러나 더 나아가보라
거기 정토淨土가 있으니……

여기서 우리는 그 자신이 칼과 온전히 하나가 되어 있음을 보게 되는 것이다.

몇 년 전 미국에서 발간되는 무술 잡지 ≪블랙 벨트(Black Belt)≫에서는 오늘날 이 책이 일본 경제인들의 성전聖典이 되어 있다고 소개한 바 있다. '진검승부'의 정신은 와다나베만의 생활 신조가 아닌 것이다. 나는 이 책의 영역본을 숙독한 적이 있고 대학 시절부터 틈틈이 검도를 익혀왔으므로 '진검승부'가 무엇인지 어느 정도는 짐작할 수 있다. 그것은 문자 그대로 칼날이 시퍼런 진짜 칼로 승부를 거는 대결이다. 이 대결 뒤에는 승자와 패자가 없다. 죽은 자와 살아남아 있는 자가 있을 뿐이다. 그러므로 '진검승부'는 승패의 대결이 아니라 생사의 결단이다. 승패의 대결에는 승리의 영광과 패배의 굴욕이 기다리고 있다. 그러나 생사의 결단 뒤에는 다시 태어났다는 새로운 삶의 체험과 죽음의 고요가 남아 있을 뿐이다.

분명히 '진검승부'는 권선징악적인 설명을 필요로 하지 않는다. 사회 윤리적 선이나 도덕적 규범을 위해 거는 승부가 아니기 때문이다. 예를 들어 그것은 서양인의 자존심을 건 '결투'와도 다르다. 승부의 순간에는 상대를 순전히 수단으로만 삼고 있으므로, 아니 수단이랄 것도 없으므로 가령 칸트(I. Kant)의 정언명법定言命法의 한 해석, 즉 '너 자신의 인격과 모든 사람의 인격 가운데 있는 인간성만 사용하지 않도록 행위하라.'는 규범과는 아무 상관도 없는 것이다. 그것은 다만 자기 존재의 의미를 확인하기 위해 거는 존재론적 승부일 뿐이다. 이러한 측면은 미시마의 경우에 뿐만 아니라 무사시의 행적에도 잘 나타나 있다.

미야모토 무사시는 한 번도 누구를 위해서라든가 자신의 위신이나 영광 혹은 행복 같은 것을 위해서 칼을 휘두른 적이 없다. 그러나 그는 누구의 도전에도 기꺼이 응하며, 칼 한 자루만 품고 주유천하하는 동안에도 오직 상대가 강하다고 알려졌다는 이유만으로 그와 대결한다. 어느 쇼군將軍의 자제인 어린 소년을 무참히 살해한 것도 그가 감히 도전해왔다는 이유 때문이었다. 이처럼 그가 '진검승부'를 거는 이유나 태도는 "거기 산이 있기 때문에" 에베레스트 산을 정복했을 뿐이라는 힐러리(Edmund P. Hillary) 경의 경우와도 비슷하다. 무사시도 상대가 있는 한 참을 수 없어 하고 상대가 강하면 강할수록 더욱 못 견디어 하는 이유와 태도를 갖는다. 이 이유 때문에 그는 목숨을 건다. 일단 목숨을 건 다음에는 생사에 상관하지 않는다. 어떤 의미로는 목숨을 걸었을 때 이미 그는 죽어 있었다고 말할 수 있기 때문이다. 비록 다시 살아나 부귀와 명예가 따라와 주었다고 해도 그에게 이런 것들은 조금도 중요한 것이 아니며 기껏해야 부산물에 지나지 않는 것들이다. 한마디로 '진검승부'란 부산물을 염두에 두고 뛰어드는 스포츠가 아니다. 목숨을 내놓고 승부를 걸었다는 사실 자체가 '진검승부'의 필요충분 조건이라는 뜻이다. 우리는 이것을 '부산물'을 최고의 가치로 삼는 목적론적 윤리관, 예를 들어 공리주의자인 밀(J. S. Mill)의 '최대 다수의 최대 행복' 같은 개념으로 설명해 낼 도리가 없다는 것이다.

'진검승부'가 상대를 의식하지 않는 승부이며, 승부의 결과를 염두에 두지 않는 승부이며, 생사를 초월한 다음에야 거는 승부라면, 그것은 과연 무엇을 위한 어떤 종류의 승부인가. 그것을 우리는 자신의 존재 이유를 확인하기 위해 자신을 상대로 목숨을 거는 존재론적 혹은 탐미적 승부라고 규정할 수 있다. 한마디로 '진검승부'는 자기와의 싸움이다. 무사시나 미시마가 보여주었듯이 삶과 죽음이 만나는 지점에서 벌이는 자기와의 싸움이라는 것이다. 그러므로 이러한 종류의 승부를 생활신조로 삼는 사람을 '죽음을 사는 사람'이라고 볼 수 있다. 그의 삶은 하루하루를 자기 생애 최후의 날처럼 사는 삶이다. 말하자면 화가가 캔버스 앞에서 붓을 움직일 때 최선을 다하듯이 순간마다 최선을 다하는, 그냥 다할 뿐인 삶이라는 것이다. 만약 이것이 사실이라면 일본인들의 목표는 다른 나라와의 경쟁에서 반드시 이긴다든가 마침내 둘째 가는 나라가 되는 것은 아닐 것이다. 이어령 교수는 이렇게 설명한다.

메이지 유신 이래 일본인은 서양 문명에 '따라가서 앞지르라.'의 정신으로 여기까지 왔다. 점령이 끝나고 독립국이 된 1957년에는 저개발국인 칠레나 말레이시아보다도 GNP가 낮은 나라였다. 그러나 불과 15년 뒤에는 대로마의 후예들인 이탈리아를 추월하고 그 이듬해에는 유신 당시 일본의 선생이었던 영국을, 그리고 또 그 이듬해인 1968년에는 지식인의 꿈의 나라 프랑스를 능가한 것이다. 드디어 일본은 1970년에 들어서면서 라인 강의 기적을 낳은 유럽의 모범생인 서독을 앞지르고 만다. 그래서 문자 그대로 일본은 GNP면에서 미국 다음의 '니반테二番手' 나라가 된 것이다.

이것은 모두가 사실이며 일본은 곧 미국을 앞질러 모든 면에서 세계 최고의 나라가 될지도 모른다. 그러나 그것은 '진검승부' 정신의 '부산물'일 뿐이지 목표가 될 수 없다는 생각을 해본다. 이 정신에서 목표가 하나 있다면 그것은 자기 자신을 극복하는 것, 즉 극기克己뿐이기 때문이다.

나는 미국학회 세미나에 참석하기 위해 잠시나마 일본을 여행하고 그들과 대화를 나눌 수 있었던 기회를 소중하게 생각한다. 이것은 평소에 흠모해왔던 '진검승부'의 정신을 다시 확인하고 더욱 가까이서 접할 수 있었던 기회였던 것이다. 바로 그렇기 때문에 나는 결국 일본을 나의 관점으로 볼 수밖에 없었는지 모른다. 그럼에도 불구하고 그것이 오늘의 일본을 만들었고 또 계속 만들어 갈 원동력이라는 사실을 직접 확인하고 솔직히 나는 섬찟한 느낌을 떨쳐버릴 도리가 없다. '진검승부'의 정신을 가르치는 도장은 우리나라의 카페나 술집 숫자만큼이나 많고 거기서 비지땀을 흘리며 연습하는 검사들은 디스코장의 취객들만큼이나 많이 북적대고 있었기 때문이다.

나는 '진검승부' 정신이 무엇인지 설명하는 것은 불가능하다고 생각한다. 그것을 가장 잘 이해할 수 있는 방법은 이 정신을 심신으로 터득하고 또 생활신조로 삼아 매순간을 살아가는 것뿐일 것이다. 아마 이것은 우리 모두가 추구할 유일한 가치가 아니며 최고의 가치는 더욱 아닐지도 모른다. 그러나 일본을 피해 지나갈 것이 아니라면, 그리고 우리의 어두운 과거를 되풀이할 용의가 없다면, 적어도 이 정신이 무엇인지를 이해하려고 애써야 한다는 생각을 해보는 것이다.

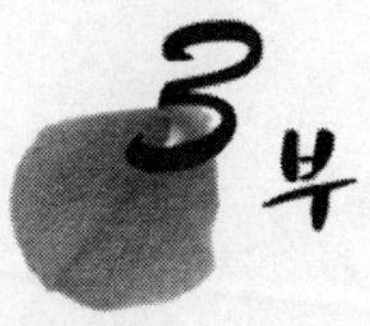

3부

코끼리 이야기와 대화의 의미

희망과 절망의 이중주

고통에 관하여

코끼리 이야기와 대화의 의미

요즈음 갑자기 '대화'라는 말이 많이 쓰이고 있다. 대화의 필요성이 그만큼 더욱 절실해진 증거일 것이다. 그러나 우리는 대화의 중요성과 절박성에 비해 그것이 무엇인지, 그리고 어떻게 대화에 임하는 것이 바람직한 것인지에 대해서는 별로 신경을 쓰지 않는 것 같다. 흔히 대화가 허울 좋은 명분에 그치고 때로는 어떤 문제가 대화라는 방법을 통해서는 결코 해결될 수 없다는 결론에 이르는 것도 바로 이 때문일 것이다. 대화(對話, dialogue)란 문자 그대로 상대방과 마주 앉아서 이야기를 나눈다는 뜻이다. 그렇다면 우리가 시간과 정력을 허비해 가며 다른 사람들과 의견을 나누는 이유가 무엇일까. 물론 구체적인 문제에 대해서 의논하지 않고 한가롭게 앉아서 농담을 주고받는 대화도 있다. 스승과 제자 사이에, 혹은 아버지와 자식 사이에 가르침이나 교훈을 전하기 위한 대화도 있다. 그러나 대부분의 경우 대화를 한다면 대등한 입장에서 서로 다른 의견을 확인하고 또 조종하는 데 그 의의가 있을 것이다. 만약 모든 사람들이 같은 의견을 가지고 있다면 대화를 나누는 것보다 더 무의미한 일은 없을 것이다. 더구나 서로 다른 의견을 확인하는 정도에서 머문다면 구태여 마주 앉아서 대화를 할 필요가 어디 있을까.

대화의 진정한 의미는 서로 합의된 결론에 도달하려는 노력에서 찾아진다고 할 수 있다. 그러므로 대화에 임하기 전에 우리는 자기의 의견이 틀릴 수 있으며, 더구나 절대적 진리는 아닐 수 있다는 겸허한 마음가짐을 가져야 하며 어느 정도 양보할 용의도 갖추고 있어야 한다. 사실 타협할 의도가 전혀 없는 사람들끼리의 대화는 합의에 도달하기는커녕 오히려 이견을 심화시키고 적대감을 가중시킬 뿐이다. 대화에서 자기의 의견이 소중한 만큼 남의 의견도 소중하다는 사실을 강조하는 이유도 바로 여기에 있을 것이다.

대화를 진행시켜나가는 과정에서 가장 중요한 것은 자기가 가지고 있는 견해가 무엇인지 정확히 파악해야 한다는 점이다. 보통 우리는 자기가 무슨 생각을 하고 있는지 잘 알고 있다고 믿는 경향이 있다. 물론 다른 사람의 생각에 대해서보다는 더 잘 알고 있을 것이다. 그러나 곰곰이 생각해보면 자기가 잘못된 견해를 가지고 있다고 판단되는 경우도 흔히 있는 것이다. 이러한 경우에는 상대방과 의견의 일치를 보았다고 해도 소용없는 일이다. 그러므로 선불리 대화를 나누다 보면 엉뚱한 결론에 도달하는 경우가 있고 심지어 자기가 원하지 않는 것을 막무가내로 고집하는 사태도 생긴다. 다른 사람과 대화하기 전에 자기 자신과의 대화를 통해서 먼저 생각을 잘 다듬어 보아야 하는 것이다.

대화에서 그 다음으로 중요한 것은 남의 의견을 경청하고 그것을 제대로 이해하는 일이다. 여기서 특히 주의해야 될 것은 대화의 수단이 언어라는 형식을 취한다는 사실과 상대방에 대한 선입견에서 가능한 한 벗어나 있어야 한다는 점이다. 언어를 구사할 수 있는 능력은 물론 인간에게만 주어진 특권이지만 이것을 잘못 사용하면 의사를 소통하는 것조차 불가능하게 만든다. 예를 들어 '자유', '정의', '민주', '인권' 등의 표현들을 우리는 자주 쓰지만 그것들이 구체적으로 무엇을 의미하는지 서로 이해하지 못할 때 대화는 계속 이어질 도리가 없게 된다. 상대방의 입장을 정확하게 파악하기 위해서라도 우리는 먼저 어떤 어휘들이 어떤 맥락에서 어떤 뜻으로 쓰이고 있는지를 가늠해두지 않으면 안 된다. 이와 관련해서 반드시 유의할 것은 상대가 누구이며 어떤 지위에 있는지를 너무 의식해서는 안 된다는 점이다. "학생이 뭘 안다구…", "여당 당원이니까 뻔한 소리 아닌가.", "군인이 뭘…", "연예인인 주제에…" 등의 표현이 나오면 대화가 시작되기 전에 이미 끝나 있음을 나타내고 있는 것이다.

인간이 언어를 구사하기 시작하면서 어느 문화권에서나 이미 대화는 시작되었다고 할 수 있다. 그러나 엄격한 의미로 우리는 대화의 기원을 고대 그리스문화에서 찾을 수밖에 없다. 잘 알려져 있는 바와 같이 신화의 시대에는 신들과 영웅들을 주제로 한 이야기가 중요한 언어의 형태였다고 할 수 있다. 이 경우 주로 운문을 표현의 수단으로 하였고 신과의 관계나 신의 의지를 성공적으로 수행하는 영웅들의 이야기가 주류를 이루었으며, 의사를 소통할 때도 이성과 사유보다는 감정과 정서에 호소하는 경우가 많았다. 그러나 상업문화의 발달로 교류가 활발해지고 사람들이 자신에 대한 위상이 높아짐에 따라 신들보다는 다른 사람들과의 관계가 더 중요해졌고 사유와 언어의 형태도 다른 양상을 띠기 시작하였다.

다른 사람과 의사를 소통하는 것이 삶의 전반에 걸쳐 더 비중 있게 부각되면서 언어의 기능은 주로 자신의 의사를 상대방에게 전달하는 수단으로 활용되었다. 한편 상업 활동이 보편화됨에 따라 정치 형태는 점점 더 개인의 존재감을 부각시키는 민주정치로 제도화되었고 이러한 정치 양식은 언어를 대화와 설득의 방식으로 발전시켰다. 잘 알려져 있는 바와 같이 민주정치는 다수의 국민에 의한 통치를 말한다. 이것이 가능하려면 의견을 모으는 과정이 필요한데, 그것이 곧 대화이며 이 방법을 통해서 상대를 설득시키거나 논증을 통해 자기 의견의 정당성을 입증해야 한다. 만약 이것이 사실이라면 민주정치는 언어가 권력의 원천이 되고 대화가 제대로 작동함으로써 비로소 성립되는 정치제도라고 할 수 있다. 물론 현실적으로 여전히 금력과 폭력이 위력을 발휘하고 각종 인맥이 영향을 주지만 이러한 것이 표면화되어서는 안 되며 또한 그렇게 되어서도 안 되는 제도라는 것이다.

더구나 이 시기에 음성문화는 문자문화로 점차 이행한다. 이러한 상황을 운문 형태에서 산문 형태로 변화하는 시기라고 할 수도 있는데, 이것은 단순히 표현의 수단이 바뀌는 것을 의미할 뿐 아니라 새로운 사유 형태의 도입을 의미하는 것이기도 한다. 운문에 의해서 상대방을 감동시키고 공감대를 넓혀가는 방식이 아니라 기록으로 남아 있는 산문 형식의 자료에 의해서 객관적으로 존재하는 사실을 밝혀내고 이것을 근거로 하여 논증을 펼치며 이 논증이 다시 기록으로 남아 있게 됨으로써 자기가 한 말에 책임을 지는 형태로 사유하도록 강요된다는 것이다. 이러한 상황이 아니라면 철학에 관한 소피스트들의 논변, 의학에 관한 히포크라테스의 문헌, 역사에 관한 투키디데스의 사료, 그리고 페리클레스의 연설문 같은 것은 구성되거나 창출되지 못했겠지만 지금까지 남아 있지도 않았을 것이다.

그리스 문화가 남긴 찬란한 지적 유산 중에서도 대화의 가장 완벽한 형태는 역시 플라톤의 ≪대화록≫에서 찾을 수 있다. 특히 여기서도 역사적 소크라테스의 인물과 사상이 가장 많이 담겨 있는 "변명", "크리톤", "파이돈" 등이라고 할 수 있을 것이다. 잘 알려진 바와 같이 그는 감정과 직관과 영감이 지배하던 신화의 시대에서 언어의 비중이 운문 형태로부터 산문 형태로 변화하던 시기에, 그리고 다수가 정치 현실에 참여하여 선동적인 연설과 변론술과 논증술로 상대방을 제압하고 권력을 쟁취하고자 하는 민주주의 정치 체제에서 당시의 대표적인 지식인의 한 사람으로 등장한 인물이었다. 소크라테스는 석가나 예수, 공자 등 다른 현자들 못지않게 중요한 교훈과 지혜를 남겼음에도 불구하고 이른바 구체적인 '진리'를 설파한 적이 없고 특별한 제자들을 거느린 적도 없으며 특정한 종교를 창시하지도 않았다. 그는 대등한 입장에서 '대화'를 통해 사람들에게 질문만을 계속 던짐으로써 스스로 진리에 가까워지고 합리적으로 사고하며 그렇게 실천하도록 도왔을 뿐이다.

소크라테스는 영원하고 불변하며 절대적인 진리가 있을지도 모르지만 인간에게 그것을 파악하거나 획득할 능력은 없다고 믿었다. 그러므로 대화를 통해서 우리는 그쪽 방향으로 접근할 수 있음을 그는 보여준 것이다. 이 방법에 의해서 진리에 접근할 수 있을 뿐만 아니라 영혼의 정화를 시도하고 동시에 바람직한 삶을 살아갈 수 있다고 그는 확신했던 것이다. 이와 같이 그는 대화를 통해서만 인식의 한계와 인간의 조건을 극복할 수 있으며 초월적인 영역으로 진입할 수도 있음을 보여주었다. 사실 대화의 정신만이 우리를 정치적인 권위나 윤리적인 권위, 지적인 권위와 종교적인 권위 등 그 밖에 어떤 종류의 권위로부터도 자유로울 수 있다는 것을 그는 보여준 셈이었다. 성공적인 대화는 개방적인 태도와 비판적인 자세를 요구함으로 어떠한 권위도 무조건적으로 혹은 무비판적으로 허용해서는 안 되기 때문이다. 또한 대화는 이성에 호소해야 하고 구체적인 자아의 확립을 전제로 하며 개선된 삶을 실현하기 위한 것이므로 소크라테스는 그것이 합리성과 자율성을 확립하고 도덕성을 실현하기 위한 방법이기도 함을 보여준다. 여기서 우리는 대화의 정신이야말로 민주사회의 바람직한 시민이 되기 위한 가장 근원적인 덕목임을 어느 정도 짐작할 수 있는 것이다.

코끼리와 장님에 관한 우화가 있다. 불교의 경전인 ≪열반경≫에 나오는 이야기이다. 옛날 인도의 경면왕이 장님 여러 명을 불러놓고 손으로 코끼리를 만져본 후 자기가 알고 있는 것에 대해 말해보라고 하였다. 제일 먼저 상아를 만져본 장님이 "폐하, 코끼리는 열무같이 생긴 동물입니다."고 하자, 귀를 만졌던 장님은 "아닙니다. 폐하. 코끼리는 곡식을 까불 때 사용하는 키와 같습니다."라고 말하였다. 옆에서 다리를 만진 장님은 이를 듣고 큰 소리로 "둘 다 틀렸습니다. 제가 보기에 코끼리는 마치 커다란 절굿공이같이 생긴 동물입니다."라고 주장하였다. 이번에는 꼬리를 만져본 장님이 "새끼줄 같습니다."라고 말했다는 이야기이다.

이 이야기에서 우리는 흔히 어떤 사물이나 현상에 대해서 한 측면만 알고 전체를 다 이해한 것처럼 착각해서는 안 된다는 교훈을 얻는다. 그러나 이러한 교훈이 의미를 지니려면 누군가가 실체를 온전하게 알고 있어야 한다. 말하자면 코끼리가 어떻게 생겼는지 알고 있는 사람만 다른 사람들의 지식이 부분적이거나 편견에 사로잡혀 있다고 말할 자격이 있는 것이다. 제한된 지식을 가진 사람들끼리 끝없는 논쟁을 벌인다는 것은 성과 없는 소모전에 불과한 것이기 때문이다. 그렇다면 이러한 한계를 극복할 수 있는 방법은 무엇인가.

우선 우리는 존재의 진리를 온전히 깨달은 사람이나 완전한 존재인 신으로부터 계시를 받은 사람으로부터 가르침을 얻을 수 있다. 그러나 대부분의 경우 그들의 가르침은 너무 깊어서 이해하기 어렵고 모호한 점도 있어서 여러 가지로 해석되는 경우가 많으며, 더구나 오해되는 경우도 적지 않다. 그야말로 장님이 코끼리 만지듯 이 가르침들을 자기의 관점에 따라 편의대로 해석하는 경향이 있다는 것이다. 특히 여기서 문제가 되는 것은 각자 자기가 이해한 것이야말로 완전한 진리라고 생각하기 때문에 다른 사람들과 타협의 여지를 두지 않는다는 점이다. 이러한 경우에는 오류를 범할 뿐 아니라 독선에 빠질 이중의 위험을 안고 있다는 사실을 의식할 필요가 있다. 이와 같이 깨달음이나 계시가 진상에 다가가는 가장 좋은 방법임에도 불구하고 이러한 한계가 있기 때문에 그것이 누구에게나 열려 있는 것은 아니라는 문제점이 있다. 그러므로 비록 최선의 방법은 아니지만 진상으로 가까이 다가가는 방법으로 대화라는 방법을 택하게 된다.

대화는 우리 중에 아무도 코끼리에 대해서 완전히 알 수 없기 때문에 차선으로 채택된 소통의 한 방법이다. 말하자면 장님들끼리 서로 자신이 이미 알고 있는 부분적인 정보를 나눔으로써 코끼리에 대해서 좀 더 객관적인 지식을 얻어 보려는 노력의 한 형태인 것이다. 그러므로 참여자들 중에 어떤 사람이 자기가 '경면왕'이나 된 것처럼 다른 사람들을 '장님'으로 취급한다면 진상으로 다가갈 수 없을 뿐만 아니라 대화를 중단시킴으로써 그 가능성조차 원천적으로 차단하게 될 수도 있다.

사실 장님에 관한 이 이야기의 진정한 의미는 우리 중에 '장님'이 있다는 것을 우화적으로 전하는 데 있는 것이 아니라 우리가 어떤 의미로는 모두 장님들이라는 사실을 깨닫게 하는 데 있을 것이다. 그리고 그 깨달음은 코끼리에 관한 정보를 좀 더 많이 확보함으로써 얻어질 수 있는 것이 아니다. 여기에는 우리가 아무리 많은 지식과 정보를 가지고 있다고 해도 사물과 현상의 실상을 파악할 수는 없다는 사실, 즉 소크라테스적 '무지'를 깨닫게 하는 데 그 참뜻이 있는지도 모른다. 사실 소크라테스는 플라톤과 달리 대화를 통한 변증술에 의해서 우리가 반드시 진리에 도달할 수 있다고 믿지는 않았다. 그러나 대화에 성실하게 임할수록 그만큼 우리는 '로고스(Logos, 이성, 사유. 논리)'를 더욱 선명하게 드러내고 사물의 본질과 현상의 구조를 좀 더 심도있게 파악할 수 있으며, 따라서 도덕성을 함양할 수 있을 뿐만 아니라 영혼의 정화를 도모할 수도 있다고 그는 믿은 것이다.

중국의 고전인 ≪열자列子≫와 ≪한비자韓非子≫에는 코끼리에 관한 또 하나의 이야기가 있다. 사람들이 땅을 파보니 거대한 동물의 뼈 조각들이 발굴되었는데 그것이 무슨 동물의 뼈인지 알 수 있는 사람이 아무도 없었다. 그 뼈들을 조립해보아도 여전히 답은 나오지 않았다. 그러한 형태의 뼈를 가진 동물을 보았거나 지식을 가진 사람이 없었기 때문이다. 결국 사람들의 의견을 모아서 한 마리의 동물을 상상해보았는데 그것이 바로 나중에 '코끼리'로 알려진 것이었다. 그것이 '상상想像'이란 단어 속에 코끼리 '상象'자가 들어가게 된 이유라고 한다.

우리는 제한된 감각적 경험과 이에 근거한 대화와 추론, 그리고 어느 정도의 상상력을 동원하여 결국 사물에 관한 실체에 접근한다. 그러나 우리가 지닌 인식의 한계 때문에 이러한 방법을 모두 동원한다고 하더라도 실체 그 자체를 파악하는 것은 아니다. 그런데 이들 중에 어떠한 방법에 더 큰 비중을 두는지에 따라 진상은 그 코끼리처럼 다른 모습을 드러낸다. 가령 과학과 종교, 도덕과 예술 등이 그 좋은 예가 될 것이다. 그러나 어떠한 경우이든 성실한 대화는 진리와 실상으로 좀 더 가까이 인도할 것임에 틀림없다.

희망과 절망의 이중주

희망은 자신이 바라는 어떠한 상황이 벌어질 것이라는 기대나 예측을 의미한다. 그것은 그 대상이 다소 막연하고 비교적 실현의 시간이 불명확한 것이 특징이다. 그러나 사람은 누구나 희망을 가지고 산다. 아마 비트겐슈타인이 말했듯이 인간만이 희망을 가질 수 있는 존재인지도 모른다. 가령 사자가 희망한다는 것은 상상하기 어렵기 때문이다.

우리가 어떤 상황에서 어떤 종류의 희망을 갖는지는 다양할 수밖에 없다. 아주 궁핍한 생활을 할 때는 좀 더 경제적으로 넉넉한 삶을 살 수 있기를 희망할 것이고, 지금 이 상황에 만족한다면 그 상태가 적어도 당분간 유지되기를 바랄 것이다. 이 세상에서 자기가 바라는 것이 좀처럼 이루어질 수 없다고 생각하면 내세에서라도 이루어지기를 희망하기도 하는데 이와 같이 그것은 시공을 초월하는 특성을 지닌다.

희망은 대부분 개인적 차원에서 나타나는 현상이지만 가족이나 친척, 혹은 친지들에 대해 생길 수도 있고 국가나 인류 전체에 관한 것일 수도 있다. 자신이 위기에 처했을 때 가족이나 사랑하는 사람을 다시 만날 수 있기를 간절하게 바라거나 조국이 식민통치에서 해방되기를, 혹은 세계 평화가 이루어지기를 희망하는 것이 그 좋은 예가 될 것이다. 인간에게 욕구가 있는 한 그것이 충족되기를 바랄 것이고, 그것을 의식하는 한 희망은 반드시 있게 마련이다.

얼마 전 칠레의 산호세 광산에 매몰됐던 33명 전원이 69일간의 사투 끝에 모두 살아서 돌아온 것이 화제가 되고 있다. 캡슐이 지하에 투입되어 구조 작업이 개시된 지 22시간 만의 일이었다. 첫 번째로 캡슐을 타고 땅 위로 올라온 광부 아발로스로부터 마지막으로 올라온 작업반장이며 리더였던 우르수아까지 전원이 생환한 기적의 드라마였다. 물론 거기에는 칠레 국민, 아니 전 세계인들의 관심과 칠레 정부의 아낌없는 지원, 그리고 최첨단 구조 장비가 있었다. 그러나 가장 중요한 원동력은 광부들 스스로가 지녔던 '살 수 있다.'는 확신과 희망이었던 것으로 전해졌다. 물론 첨단 장비나 국민의 열망, 정부의 지원 등이 없었다면 리더십도 발휘될 수 없고 희망도 곧 절망으로 변했을 것이다. 그러나 끝까지 희망을 견지하지 않았다면 이 모든 것이 아무 소용도 없었을 것이 분명하다.

흥미 있는 것은 생존자들이 희망한 동기나 내용이 조금씩 서로 달랐던 점이다. 성호를 그으면서 캡슐을 타고 622m 아래로 내려갔다가 전원을 구조한 뒤 마지막으로 올라온 구조반장 곤잘레스는 "처음 지하에 내려갔을 당시 가족과 재회할 수 있다는 희망으로 빛나던 눈망울을 절대 잊을 수 없다."고 술회하였다. 라미레스는 결혼식을 올리지 못한 채 31년 동안 살아온 아내와의 재회를 간절히 소망했고 갱도에 갇혀 있는 동안 시인이 된 사모라는 〈어머니 사랑은 위대하다〉는 시를 쓰기도 하였다. 젊은 산체스는 "가장 힘들 때 나에게 딸이 있다는 사실에 감사"했다고 전하였다. 그는 또한 구조되기 얼마 전 "여기에 있는 우리는 사실 33명이 아니라 34명이다. 신이 항상 곁에 계시기 때문"이라는 글을 올려 보내기도 했었다. "고립과 절망 속에서 시심이 싹텄던" 사모라도 이렇게 썼다. "조국 칠레여, 우리는 그대 손 안에 있다.", "동료들이여, 단결하지 않으면, 기도하지 않으면 희망은 없다." 가족에 대한 사랑과 조국에 대한 신뢰, 그리고 신에 대한 믿음이 공통된 희망의 내용이었다.

그런데 한 가지 흥미 있는 일은 막장에서 구조의 가능성이 거의 없다고 믿었던 처음 17일간 광원들은 희망을 버리지 않는 사람과 포기한 사람으로 나뉘었고 이들 간의 갈등과 충돌이 끊이지 않았다는 사실이다. 희망은 단순히 자기가 처해 있는 상황의 문제가 아니라 그 상황에 대한 인식의 문제이기도 했던 것이다. 그리고 또한 그것은 희망이 우리의 삶 전반을 지배할 뿐 아니라 인간의 내면에 심도 있게 내재해 있음을 의미하는 것이기도 하다. 이와 같이 인간이라면 누구에게나 희망이 있게 마련이지만 상황에 따라 다양하게 나타나고 같은 상황에서도 사람에 따라 그 유형이 서로 다를 수밖에 없는 것이다. 특히 극한 상황에서 생사의 기로에 섰을 때 희망은 종교적 성격을 띨 때가 많이 있다. 신앙심이 강한 사람의 희망이 오히려 더욱 강해져서 끈질긴 생명력으로 이어지는 반면 그렇지 못한 사람은 쉽게 절망의 상태로 떨어져서 죽음을 촉진하는 경우도 있는 것이다.

칸트(I. Kant)는 그의 비판철학을 정립함에 있어서 단 하나의 질문, 즉 "이성은 도대체 합법적으로 무엇을 할 수 있는지."의 문제와 씨름하였다. 이 물음은 이론적이고도 실천적인 이성의 능력에 관해 모든 관심을 담고 있으며, 그것도 다시 세 질문, 즉 "나는 무엇을 알 수 있고, 무엇을 해야 하며, 무엇을 희망해도 좋은지."의 문제로 나누어진다. 이와 같이 그는 희망의 문제를 그의 철학체계 전체를 통해 가장 중요한 주제 중에 하나로 다루었으며, 주로 심미적 판단과 종교적 심성을 이해하는 근거로 삼았다. 그것은 특히 종교현상을 이해하는 데 핵심적 용어가 되는 것이다.

희망은 기독교에서 매우 독특한 의미를 지닌다. 그것은 믿음 및 사랑과 함께 사도 바울이 제시한 세 가지 덕목 중의 하나

인데, 우리나라에서는 세속적인 의미와 구분하기 위해 '소망'이라고 부른다. 여기서 말하는 믿음이란 신의 존재를 믿고 그의 의지를 받아들이는 것을 의미하며, 사랑이란 신에 대한 사랑으로서 돈독한 믿음에서 우러나오는 것이고, 소망이란 믿음과 사랑이 잘 조화되었을 때 신의 충만한 모습을 흠모함으로써 생겨난 희열을 의미한다. 이와 같이 '소망'은 열렬한 소원이나 확신에 찬 기대감으로서 기독교적 신의 존재를 전제로 하여 의미를 지니는 오직 미래를 향한 신앙의 한 형태이다.

기독교도들은 예수 그리스도의 부활이 이 용어에 적극적인 대망과 도덕적인 특성을 부여했다고 본다. 이런 의미의 희망은 산 자와 죽은 자의 심판자로서 그리스도가 재림한다는 궁극적인 희망과 밀접하게 연결되어 있다. 그러나 이 종말론적 희망이 세속적이고 물질적인 축복에 대한 과정의 희망을 불식시키는 것은 아니다. 여기서 중요한 것은 희망이 도덕적인 선택의 실현과 관련되어 있다는 점이다. 성 아우구스티누스에 따르면, "희망은 선한 것, 미래에 있는 것, 희망을 소중히 여기는 사람들에게 어울리는 것과 관련될 뿐이다." 그 목적을 성취하고 나면 희망은 더 이상 희망으로 존재하지 않고 소유가 되어 버린다. 따라서 사랑은 끝이 없지만 희망은 이 세상에서 유한한 인생살이에 국한된다. 불교를 비롯한 다른 종교에서는 '희망'이 이처럼 강렬하고 독특한 의미로 쓰이는 것 같지는 않다. 오히려 그러한 희망의 주체인 자아를 약화시키고 그 원천인 욕구를 근원적으로 희석화하려는 경향을 보이는 것이다.

특히 동양권에서는 희망이 대체로 세속적인 맥락에서 이해된 듯하다. 아직 살아갈 시간이 많이 있고 부귀나 영화를 꿈꾸는 사람들에게는 그것이 반드시 필요하겠지만 유불도儒佛道의 성현들과 같이 극기의 삶을 살거나 안빈과 낙도를 추구하는 사람들에게는 무엇을 바라는 것 자체가 부끄러운 일로 간주했던 경향도 있다. 그것은 아우구스티누스가 언급했던 희망의 완성과는 다르겠지만 더 이상 바랄 것이 없는 완성의 경지인 것만은 분명하다. 도연명陶淵明의 〈귀거래사歸去來辭〉도 그러한 경지를 잘 표현해준다.

> 이 몸이 세상에 깃들일 시간이 얼마가 될지 모르니, 어찌 가고 머무름을 마음이 이끄는 대로 하지 않으리. 무엇으로 인해 조급하고 안절부절못하며 욕심을 내겠는가. 부귀도 바라는 것이 아니고 천국에 드는 것도 기대하지 않는데…

아직 이루고 싶고 바라는 것이 많이 있다면 내세에서라도 그러한 바람이 충족되어야 할 것이다. 그렇게 되기 위해서는 절망의 벼랑 끝에서 신의 심판을 기다리는 죄인이 되어야 하고 마침내 죽음을 통해 희망이 충족되기에 이른다. 그러나 더 이상 욕심도 없고 바라는 것도 없다면 그것을 충족시킬 내세의 존재도 큰 의미가 없을 것이다. 희망과 대비되는 개념에는 그것이 끊어진 '절망絶望'도 있지만 더 이상 의미를 지니지 못하는 '무망無望'도 있다.

우리는 희망의 성격을 입체적으로 이해하기 위하여 이것과 대비되는 '절망'의 개념을 통해 접근할 수도 있다. 절망을 어떻게 이해하느냐에 따라 희망의 개념도 좀 더 구체화될 수 있다는 것이다. 가령 우리는 어떤 여인과의 사랑이 이루어지지 않아 절망의 감정에 빠질 수도 있고, 자기 자식이 뚜렷한 이유도 없이 불의의 사고로 죽음을 당하여 절망할 수도 있다. 또한 개념화하기 어렵지만 신에게조차 용서를 구할 수 없을 정도의 죄악에 빠졌을 때 우리는 또 다른 종류의 절망을 느낄 수도 있다. 이러한 유형의 절망들을 키르케고르(S. Kiehegaard)식으로 단순화하여 심미적 실존, 윤리적 실존 및 종교적 실존에서의 절망으로 유형화할 수도 있을 것이다.

우리는 심미적 차원에서의 절망을 괴테가 창조한 "젊은 베르테르의 고뇌(Die Leiden des Jungen Werthers)"에서 찾아볼 수 있다. 베르테르는 친구의 약혼녀인 롯데를 사랑하는 번민에서 헤어나지 못하고 절망 속에서 헤매다가 결국 죽음에 이르고 만다. 그가 체험한 이 절망은 비록 그의 자살에 윤리적 요소가 있다고 하더라도 분명히 그것은 죽음에 이르는 병이었다. 그는 심미적 실존과 윤리적 실존을 오가며 번민하다가 결국 절망하고 스스로 죽음을 택하게 된 것이다.

베르테르는 절망의 절정에 이르렀을 때 신에게조차 기도할 수가 없는 심정을 11월 22일자에 이렇게 적고 있다.

> "그녀를 나로부터 떼어가 주시오."라고 기도할 수는 없다. 그녀가 나의 것처럼 생각이 드는 때가 자주 있으니까. "그녀를 나에게 주시오!"라고 기도할 수도 없다. 그녀는 다른 사람의 것이니까. 나는 자기 고통을 미끼로 쓸데없는 이론을 늘어놓고 있는 것이다. 아는 대로 내버려 두면 대립명제의 완전한 넋두리가 벌어질 판이다.

키르케고르가 주장한 것과 같이 그에게도 절망은 "죽음에 이르는 병"일 뿐이었다. 어떤 경우에라도 롯데를 영원히 갖고 싶지는 않았는지도 모른다. 베르테르는 "당신을 위해서 죽는 행복을 나누어 가질 수 있게 되었다니!"라고 절규하며 목숨을 스스로 끊는다. 이 이야기는 그의 장례에 "성직자는 한 사람도 동행하지 않았다."는 문장으로 끝난다.

한편 키르케고르는 〈공포와 전율〉에서 "절망은 죽음에 이르는 병이면서 동시에 그러한 병이 아니다."라는 역설을 설명하기 위해서 '창세기'제22장에 나오는 아브라함과 이삭의 이야기를 소개한다. 여기서 신은 아브라함에게 신앙을 확인하기 위해 외아들인 이삭을 제물로 바치라고 요구한다. 그는 거리낌없이 칼을 들어 이삭을 죽이려 하자 신심을 확인한 신이 사자를 보내어 이를 서둘러 말린 다음 영원히 자식이 번창하고 무궁한 번영을 보장했다는 내용이다. 이 짧은 이야기에 적어도 키르케고르가 누누이 강조한 "신 앞에 홀로 선 단독자"로서의 고독이나 고뇌의 흔적은 별로 보이지 않는다. 신은 오히려 "네가 사랑하는 외아들"임을 부각시켰지만 깊은 신앙심 때문인지 아브라함은 그것을 별로 개의치 않은 것 같았다. 정작 이삭을 제물로 바쳤었다면 인간적 고뇌가 구체화되었을 수도 있을 것이다. 여하튼 키르케고르는 절대적인 고독을 통해 신앙의 비약이 이루어진다고 주장하며, 이러한 경우 절망은 죽음에 이르는 병이 아니라 오히려 생명에 이르는 희망의 빛이라는 역설의 변증법을 제시한다.

하이데거(M. Heidegger)에게도 죽음은 가장 중요한 철학적 주제 중에 하나이다. 그는 우선 우리가 생물학적으로 "죽음에 이르는 존재"임을 환기시킨다. 그렇게 함으로써 인간의 불안과 허망감에 휩싸이고 결국 '실존적 죽음'과 대면하고 있음을 설파한다. 현존재인 인간이 시간적 제약에 갇혀 있음을 인식시키는 것이다. 그런 의미로 죽음은 현존재를 "가장 고유하고 고립된, 더 이상 관계지을 수 없고 더 이상 넘을 수 없는 극단적 가능성"으로 내던진다고 볼 수 있다. 이와 같이 죽음은 언제나 절박한 가능성으로 존재하지만 우리는 그것을 경험할 수도 없고 예측할 수도 없다. 그러나 이러한 사실을 절감하고 물러서지 않으며 당당하게 직면함으로써, 즉 "죽음으로의 선구(das Vorlauf zum Tode)"를 통해 불안과 절망을 자유와 희망으로 전환시킨다. 이와 같이 하이데거는 죽음에 이르는 병에 당당히 맞섬으로써 신의 존재를 거론하지 않고서도 삶에서 의미를 발견하고 거기서 희망을 되찾으라고 가르치는 것이다.

한편 에피쿠로스처럼 죽음을 유물론적으로 해석하는 러셀(B. Russell))은 하이데거와는 다른 맥락에서 "인간 영혼의 거주지는 유한성의 진리를 받아들이는 '철저한 절망의 기초'에서 안전하게 구축될 수 있다."고 주장한다. 그는 이렇게 주장한다.

> 인간의 기원과 성장, 희망과 공포, 사랑과 신념은 모두 원자들의 우연적인 결합의 결과일 뿐이다. 어떤 정열, 어떤 영웅주의, 아무리 심오한 사상과 감정도 무덤 이후까지 지속될 수는 없다. 모든 세대에 걸친 노동, 모든 현상, 모든 영감, 젊은 날의 천재성도 태양계의 몰락과 더불어 전멸되고 말 것이다. 그리고 인간이 성취한 모든 성전들도 앞으로 파괴될 우주의 쓰레기 속에 묻히게 될 것이다.

그렇다면 그는 어떤 유형의 희망을 설파하려는 것일까. 그는 우선 존슨(S. Johnson)처럼 "희망이 행복의 일종"을 인정한다. 그리고 그는 현대가 직면한 위기와 이것을 극복할 수 있는 희망에 더 큰 관심을 기울인다. 그는 무엇보다 현대 문명에 핵 확산이나 환경파괴 등 공포를 조장하는 요소들이 많이 있지만 그러한 점을 너무 강조하면 여기에 무디어져서 결국 절망에 빠지고 말 것이라고 경고한다. 현대인은 "합리적이며 창조적인 희망"을 필요로 하고 있다고 지적하며, 그의 〈행복한 세계〉라는 글에서 이렇게 주장한다.

> 그것은 삶의 목표가 되는 적극적인 희망을 요구하고 있다. 또한 그것은 "안 된다."라는 부정적인 감정이 아니라 "된다."라는 긍정적인 감정을 필요로 하고 있다. 긍정적 감정이 순수한 합리적 생각 끝에 허용될 수 있을 정도로 강해지면 부정적 감정은 불필요하게 될 것이다. 그러나 '안 된다.'는 감정에 사로잡히게 되면 우리들은 영원히 절망에서 헤어날 수 없게 될 것이다.

그리하여 그는 "인류의 오랜 역사와 더불어 지속된 세 가지 투쟁, 즉 자연과의 투쟁, 다른 사람과의 투쟁, 자기 자신과의 투쟁에 있어서 바람직한 해결을 가져오기 위해" 무엇을 해야 할 것인지 모색하기도 했다. 그의 희망은 이 세상에서 이루어져야 하고, 그것은 이 시대를 살아가는 온 인류의 사명이며, 또한 합리적이고 창조적으로 수행되어야 하는 것이다.

키케로는 "환자에게 목숨이 붙어 있는 한 희망은 있다."고 말한 적이 있다. 그런 의미로 인간은 모두 희망으로 연명하는 환자들인지도 모른다. 그러나 희망은 우리에게 그 모습을 구체적으로 드러내지 않음으로써 혹은 너무 과도한 것이기 때문에 흔히 그것이 망상이었음을 확인시켜주는 것으로 끝난다. 결코 접근할 수 없는 무지개로의 통로가 되어 줄 뿐이다. 결국 희망은 허약한 자들의 허망한 꿈일 뿐이다. 19세기 중반에 헝가리의 서정 시인이자 애국자이기도 했던 헝가리의 페퇴피 샹도르(Petofi Sandor)는 이런 시를 남겼다.

> 희망이란 무엇인가. 창녀로다.
> 그녀는 아무에게나 웃음을 팔고 모든 것을 바치나니
> 그대가 고귀한 보물, 그 청춘을 바쳤을 때
> 그녀는 그대를 버린다네.

그렇다면 절망이 대안인가. 아니다 그는 이렇게 말끝을 흐린다.

> 절망은 허망하다. 희망이 그러하듯……

암울한 시기에 썼던 〈희망〉이라는 산문에서 루신魯迅은 이 시를 인용하며 희망이 우리를 배반할지라도 절망으로 갈 수는 없다고 말한다. 절망도 희망과 마찬가지로 허망하므로 그렇다는 것이다. 인간은 희망과 절망 사이를 배회하는 떠돌이 별인지도 모른다.

인간은 완전한 존재가 아니기 때문에 희망으로 연명할 수밖에 없다. 육신이 음식물을 섭취하며 생명을 유지하듯이 정신은 희망을 마시며 미래를 향해 발을 내딛는다. 우리는 희망을 디딤돌로 해서 위기를 탈출할 뿐 아니라 영생에의 통로가 될 수도 있음을 체험하며 실존적 죽음을 극복하는 동기를 찾게 된다. 그러나 희망을 합리적이고도 창조적으로 관리할 필요가 있다. 관리하기에 따라 그것은 성녀가 될 수도 있고 창녀가 될 수도 있다. 인간은 희망으로 연명하지만 희망을 위해서 사는 것은 아니다.

고통에 관하여

일반적으로 '고통'은 신체적인 조직이 손상되었을 때나 정신적으로 불안정한 상태가 되었을 때 갖게 되는 불쾌한 경험을 말한다. 이와 같이 고통은 육체적인 측면과 정신적인 측면으로 나누어 생각할 수 있고 직접적인 감각으로 경험될 때 '통증'이라고 할 수 있지만 간접적인 감정의 방식으로 경험될 때에는 삶에 대한 '고뇌'로 확대될 수도 있다. 우리가 삶을 지속하는 한 이런 의미의 고통을 외면하거나 회피할 수는 없다. 그렇다고 해서 아무런 대책도 없이 수동적으로 감수하는 상태가 되어서도 안 된다. 다양한 종류의 고통을 적절한 방식으로 대처하지 않으면 안 된다. 물론 그 자체로서는 바람직한 것이 아니지만 고통을 통해서 증세를 미리 감지할 수 있고 그 반대의 개념인 쾌락이 더욱 의미 있는 경험으로 부각될 수도 있기 때문에 전혀 부정적으로만 취급해서도 안 된다. 만약 고통이 없다면 육체적 통증을 치료할 방안을 강구할 수 없거나 적절한 시기를 놓칠 수 있고, 삶의 의미에 대한 총체적 고뇌가 없다면 좀 더 차원 높은 양질의 삶을 살게 될 계기를 잃게 될 수도 있다. 고통의 의미를 다각적으로 검토해보아야 하는 이유가 바로 여기에 있다.

의학계에서는 고통을 신체적 변화에 의해서 유발되는 체성적 고통과 마음의 변화에 의해서 유발되는 정신적 고통으로 나눈다. 체성적 고통은 다시 말초신경 섬유가 반응하는, 가령 뜨겁거나 차가울 경우, 부딪치거나 찢어질 경우 등의 통증과 특정 부위의 손상만으로 설명되지 않는, 가령 가려움, 저림, 찌르는 느낌 등으로 나타나는 신경적 고통으로 구분된다. 한편 정신적 고통은 통증의 부위를 정확하게 규정하기 어려운 것으로서 정신적, 감정적 및 행동적 요인으로 인해 유발되며 점차적으로 증가하고 지속되는 특징을 나타낸다. 이러한 고통은 정신 질환을 앓는 사람들에게서는 오히려 드문 현상이고 스트레스를 많이 받는 현대인에게서 많이 관찰되는데 사회적 소외감을 느끼거나 마음의 상처를 받는 경우, 깊은 슬픔에서 헤어나지 못하는 경우 등에 나타난다고 한다. 정신적 고통은 주로 감정을 표출하지 못함으로써 생기지만 그러한 현상은 주로 복잡한 사회현상과 인간관계에 의해서 야기되게 마련이므로 결국 고통을 사회문제, 좀더 포괄적으로는 인간적 삶 전반의 문제와 연관된다. 그것은 단순히 의학적인 문제가 아니며 자연 과학적 방법을 통해서만 접근할 수 있는 과제도 아닌 것으로 나타난다.

최근에 ≪인문의학, 고통! 사람과 세상을 다시 만나다≫라는 책이 출간되었는데 이 책에서 특히 주목할 만한 것은 황임경 교수의 〈고통, 의학과 삶의 만남〉이라는 논문이다. 그는 무엇보다 근대 의학이 질병과 고통받는 인간을 분리시킴으로써 질병을 앓고 있는 각 개인의 개별성을 소멸시켰다고 지적한다. 따라서 그동안 의학은 질병의 고통을 단지 통증의 문제로 환원해서 취급하게 되었다는 것이다. 그러나 질병에 의한 고통은 한 개인의 '온전함'이 위협받거나 훼손되었을 때 발생하기 때문에 통증이 해결되더라도 고통은 지속될 수 있다. 질병은 그 자체로는 어떤 '생물학적 사건'에 불과하지만 환자의 생활 세계라는 맥락에서 바라볼 때는 실존적이며 도덕적인 의미를 갖게 된다는 것이다.

물론 의사가 고통의 의미를 음미하고 그 심층적인 구조를 파악하여 치료에 임하는 것은 분명히 바람직한 일이 아닐 수 없다. 아마 동양에서 전통적으로 강조해온 이른바 '인술仁術'이 바로 그러한 태도와 방법을 의미하는 것이 아닐까. 그러나 한편 의사가 인간의 실존적인 문제에 너무 깊이 관여할 수는 없다. 그것은 의사에게 가능하지도 않고 또 바람직한 일도 아닐 것이다. 무엇보다 그러한 태도에 지나치게 기울어지면 과학자로서의 의사가 자기는 할 수 있고 자기만 할 수 있는 일에 소홀해질 수가 있는 것이다. 가령 의사가 환자의 고통을 근원적으로 치유하기 위하여 그의 인생관이나 가치관, 혹은 세계관에까지 관여하게 되면 의사로서 질병의 치료를 위해 지켜야 할 중립적이고 냉철한 객관적 태도마저 위협을 받을 수 있기 때문이다.

고통은 인간적인 현상이며, 바로 그렇기 때문에 인간의 본질을 이해하는 데 있어서 핵심적 개념이 된다. 고통에 대해서 그것이 체성적이든 정신적이든 의사는 의학적으로 파악된 범위 안에서 진단하고 치유하면 되겠지만 그것이 삶의 불가피하고 불가항력적인 현상이라고 이해될 때 삶 전반에 관한 총체적이고도 실존적인 문제로 나타난다. 이것이 바로 동서와 고금을 통해서 종교적 지도자들이나 철학자들이 이 주제에 천착해 온 이유이며 각 분야의 예술가들이 그것을 감동적으로 표현해 온 사연이기도 할 것이다.

러셀은 그의 ≪자서전≫에서 세 가지 열정이 자신의 삶을 이끌어 온 동력이 되었다고 술회한다. 여인에 대한 사랑과 지식에 대한 추구, 그리고 인류의 고통에 대한 참을 수 없는 연민이 그것이다. 이 중에서 특히 말년에 그가 큰 비중을 두었던 것은 인류의 고통에 대한 연민이었는데 다른 것은 자신을 천상으로 고양시키는 반면 이것만은 자기의 관심을 항상 지상으로 되돌아오게 하기 때문이다. 그는 이렇게 술회한다.

고통에 대한 울부짖음의 메아리가 가슴속에 울려 퍼지는 것이었다. 굶어 죽어가는 어린이들, 압제자들로부터 고문당하는 희생자들, 자식들에게서 버림받는 무의탁의 노인들, 그리고 고독과 궁핍과 고통의 온 세상이 인간의 삶을 한낱 조롱거리로 만들고 만다. 나는 악을 덜어 보고 싶어 하나 여의치 않고 오히려 고통을 당하고 있을 뿐이다.

이러한 문제의식은 오직 러셀만의 것은 아닐 것이다. 스토아학파의 중심 사상은 고통을 적극적으로 수용하여 차라리 고행의 길을 설파하였으며 에피쿠로스 학파를 위시해서 공리주의에 이르기까지 쾌락주의자들은 역설적으로 고통을 극소화하고 쾌락을 극대화하는 것으로 삶의 목표를 삼았다. 루크레티우스나 세네카는 인간이 고통을 받다가 죽기 위해서 태어난 존재로 파악하였으며, 염세주의철학자 쇼펜하우어는 욕망을 충족시키지 못했을 때 오는 고통과 그것이 충족되었을 때 견디어내야 하는 권태 사이의 '시계추'로 인간을 묘사하였다.

그러나 일반적으로 우리는 권태보다 고통을 통해서 자신의 정체성을 확인할 때가 더 많이 있다. 헤겔은 "고통을 통하여 사람은 자신의 주체성을 느낀다."고 말한 적이 있다. 물론 우리는 쾌락을 통해서도 그 주체의 자기 자신을 어느 정도 의식할 수 있을 것이다. 그러나 이 경우 고통을 느낄 때만큼 자신을 구체적이고도 절실하게 의식할 수 있을까. 비록 고통이 쾌락의 반대 개념이고 상대적인 경험이라고 하더라도 같은 정도로 자신을 의식할 수 있을까. 어떤 종류의 경험이라도 그것이 자기 자신의 경험인 한 그 주체인 자아를 의식할 수밖에 없겠지만 고통이야말로 가장 강하게 자기의 정체성을 실감하게 하는 경험이 아닐까.

한평생 아테네 시민들에게 "너 자신을 알라."고 절규하던 소크라테스는 삶 자체를 일종의 '질병'으로 이해하고 죽음을 그 고통으로부터 벗어나는 축복으로 간주한다. 이것이 그가 임종의 순간 의술의 신인 아스클레피우스에게 닭 한 마리를 바쳐달라고 크리톤에게 부탁한 진정한 이유일 것이다. 그러나 철학자들은 대체로 고통의 의미를 부각시키고 삶에 있어서 그 중요성을 강조하지만 고통을 극복하기 위해서 스스로 수행이나 고행을 설파하거나 실천하는 경우는 드물다. 정작 그러한 이념을 실행하는 인물들은 인류 문화사를 빛내 온 중요한 종교의 지도자들이다.

널리 알려져 있는 바와 같이 부귀와 영화를 모두 누려왔던 싯다르타는 어느 순간 삶 그 자체가 고통임을 깨닫고 적극적인 고행의 길로 들어선다. 이렇게 시작된 불교에서는 삶 그 자체가 왜 고통이며 어떻게 극복되어야 하는지를 설파한다. ≪잡아함경雜阿含經≫에 명시되어 있듯이 석가는 보리수 밑에서 깨달은 후에 최초로 다섯 비구에게 〈사성제四聖諦〉라는 설법을 전한다. 그는 여기서 그 고통을 여덟 가지로 설명한다. 우선 태어나서 늙어가다가 병들어서 죽는 것이 고통이요, 사랑하는 사람과 헤어지고 미워하는 사람이나 원수를 만나는 것, 갖고자 하나 여의치 않은 것, 그리고 재물과 색욕, 식욕과 명예욕, 수면욕 등에서 헤어나지 못하는 것이 모두 고통이라는 것이다. 그러므로 이러한 고통에서 헤어나기 위해서는, 다시 말해서 해탈을 이루어 열반(nirvana)에 이르기 위해서는 그 원인이 '욕망'이라는 것을 깨닫고 이것을 원천적으로 제거해야 한다고 그는 가르쳤다. 무엇보다 석가는 이러한 문제를 구체적인 현상의 분석을 통해서 접근하기보다는 삶과 존재 그 자체의 법칙, 즉 인과와 윤회의 법칙으로 파악하며 이것을 깨닫고 실천하는 것이 해탈의 길이라고 주장한다. 그는 이렇게 말한다.

> 무지에 업보(karma)가 달려 있고 업보에 의식이 달려 있다. 의식에 이름과 형식이, 그리고 오관에 접촉이 달려 있다. 접촉에는 감각이, 감각에는 욕망이, 욕망에는 집착이, 그리고 집착에 존재가 달려 있다. 존재에는 출생이, 출생에는 늙음과 슬픔과 비통과 비참과 절망이 달려 있는 것이다.

삶 자체를 일종의 고통으로 이해하는 것은 기독교에서도 마찬가지이다. ≪구약 성경≫에 따르면 인간은 하나님에 의해서 아름답고 선량한 존재로 창조되었으나 선악과를 따먹은 이후

죄악과 고통의 수렁에서 헤매는 추악한 존재가 되었다. 그러나 ≪신약 성경≫에 의하면 하나님이면서 동시에 인간인 예수의 삶과 죽음을 통해서 구원과 은총을 약속받았는데 여기에는 예수의 가르침과 그의 행적, 특히 그의 고통스러운 '죽음과 부활'이라는 종교적 사실을 긍정함으로써만 가능하다.

이와 같이 종교로서의 불교와 기독교가 지니는 공통점은 이 세상에서의 삶이 고통의 수렁이라는 사실을 받아들인다는 것과 해탈이나 구원을 위해서는 교리에 명시된 일정한 가르침을 준수해야 한다는 것 등이다. 그런데 흥미 있는 것은 석가와 예수의 경우 그들이 보여준 고통의 의미와 방식에 차이가 있다는 점이다. 불교의 경우 우리가 고통으로부터 자유로워지는 방법은 석가가 보여주었듯이 그 근원인 욕구의 씨앗을 마멸시키는 것이다. 그러나 기독교에서 요구하는 것은 이것으로서 충분하지 않다. 진정한 의미로 고통을 극복하는 것은 죽음에 임하는 예수의 고통에 동참해야 한다.

잘 알려진 바와 같이 기독교인들이 그리스도의 고통에 동참한다는 것은 다른 사람을 대신해서 하나님 앞에 제물이 될 수 있다는 뜻은 아니다. 그리스도가 십자가 고통을 통하여 보여준 것처럼 하나님에 대한 충성과 사람에 대한 사랑을 자신들이 고통을 통하여 표현한다는 것을 뜻한다. 이렇게 함으로써 다른 사람의 고통을 줄일 뿐만 아니라 그들을 위로할 수 있게 하는 것까지 혼합하는 것이다.

일반적으로 종교에서는 삶을 고통의 연속이거나 죄악의 수렁으로 보기 때문에 근원적인 치유를 위해서는 극약 처방을 하는 도리밖에 없다는 입장을 취한다. 이 세상에서의 삶을 과도기적 과정으로 보고 수행과 선행을 궁극적으로는 내세에서의 구원과 해탈을 위한 방편으로 이해한다. 그러나 철학적 관점에서 볼 때 이것이 과연 인간의 삶에 대한 올바른 견해인지 의문이 제기될 수 있다. 인간이 해탈이나 영생을 갈구한다는 것은 지나친 비현실적 욕구와 갈망의 표현이 아닌지 의심된다는 것이다. 고통은 쾌락과 대비되는 개념이며, 인생이 쾌락의 연속이 아닌 것과 마찬가지로 '고통의 바다'일 뿐이라고 이해하는 데에는 분명히 무리가 있기 때문이다.

예술가들은 종교가나 철학자, 혹은 의사들 못지않게 고통에 대해서 많은 관심을 쏟아냈다. 시대의 사조나 문화적 관심에 따라 그 소재가 달라지기는 했으나 인간이 숙명적으로 감수할 수밖에 없는 수난의 고통을 절절하게 묘사하고 표현해 왔던 것이다. 그러한 예는 동양에서보다 기복이 심했던 서양의 문화사에서 더 많이 찾아볼 수 있다. 그리스의 신화를 배경으로 한 것을 비롯해서 기독교의 성화들, 그리고 낭만주의 이후에 전개되는 학살과 고뇌의 장면 등 이루 헤아릴 수가 없다. 아마 그 중에서도 가장 두드러진 것 중에 하나가 〈라오콘과 그의 아들들〉이라고 할 수 있다.

그리스 신화에 의하면 사제 라오콘은 오디세우스가 고안한 목마를 성안으로 받아들이면 트로이 성은 함락될 것이라고 경고했다. 비밀을 누설한 것에 화가 난 바다의 신 포세이돈이 두 마리의 거대한 독사를 보내 그와 두 아들을 칭칭 감아 죽이게 했다. 이러한 신화를 매우 인상적인 군상으로 만든 작품이 〈라오콘과 그의 아들들〉이다. 기원전 150년 경 로도스 섬에서 발견된 이 작품은 헬레니즘 최대의 걸작으로 당시에도 절찬을 받았으며 시인 베르길리우스는 그 처참한 고통에 대하여 "… 고개를 들고 마치 제단의 도살장에서 도망친, 목에 잘못 내려친 도끼에 놀라 상처입은 황소의 울부짖음같이 무서운 소리를 하늘에 질러댄다."고 그의 〈아에네이스(Aeneis) 2장〉에서 묘사하고 있다.

신음하는 '라오콘'의 얼굴은 저주받은 숙명의 싸움에서 죽음과 힘겹게 싸우는 인간들의 모습을 너무도 실감나게 묘사하고 있어서 후에 십자가에 못박혀 고난당하는 그리스도의 모델이 되었을 만큼 세기의 걸작으로 알려져 있다. 이 작품의 위대성은 사실주의의 기법을 사용하여 고통스러운 포즈와 뒤틀린 근육, 노출된 혈관 등을 세밀하게 묘사한 점에도 있겠으나 정작 우리를 감동하게 하는 것은 순간적이고도 감각적인 '통증'보다는 인간이 지닌 숙명적 한계에서 오는 '고통'을 실감나게 표출한 데서 찾아볼 수 있을 것이다.

한편 예수의 고통스러운 모습을 가장 절실하게 표현한 작품 중 하나는 16세기 초반에 활동한 독일의 화가 니트하르트(Ma tthias G. Nithardt)의 〈이젠하임의 제단화〉일 것이다. 얼핏 보면 이 제단화는 흔히 보는 십자가의 예수 그림과 별로 다를 게 없다. 그러나 자세히 보면 통나무 십자가에 달린 예수는 소름 끼치게 고통스럽고 비참하게 죽어갔다. 두 손바닥과 발등에는 공사장의 철근 같은 대못이 박혀 있다. 견딜 수 없는 통증에 손가락 마디마디는 아픔을 호소한다. 발도 위아래로 포개 놓고 대못을 관통시켰다. 그 밑으로 응어리진 피가 흘러 떨어진다. 가시관을 쓴 예수는 비참하게 고개를 떨어뜨리고 혀를 내민 채 죽어 있다. 얼굴은 벌써 검게 부패하고 가시 회초리와 창에 찔린 붉은 상처는 상하고 썩어 흉하게 보인다. 축 늘어진 사체의 무게 때문에 못 박혀 있는 나무까지 휘어 있다. 이 제단화는 기독교 정신의 핵심을 가장 감동적으로 묘사한 작품이지만 이 작품에 의해서 가장 순수하고 고귀한 영혼이 어떻게 그토록 잔혹한 고통을 통해서 승천할 수 있었는지 설득하는 데 기여한 것도 또한 부인하기 어려울 것이다.

인간은 삶의 고통을 외면할 수 없는 것이 사실이다. 그렇기에 인생의 본질을 이해하기 위해서라도 '고통'이라는 현상을 제대로 이해할 필요가 있다. 그리고 인류의 역사가 다양한 종류의 고통과 대결해 온 숙명의 드라마였음을 부정할 수 없다. 그러나 삶이 고통의 수렁이고 자아가 고통의 주체로, 혹은 심신이 통증의 거점으로 느껴지더라도 그것이 곧 객관적 사실은 아니다. 지금 당장, 혹은 상당한 기간 동안 우리가 고통에 시달리고 있다는 점을 인정하더라도 나머지 시간에는 비교적 즐거웠고 적어도 고통스럽지는 않았다는 사실을 우리는 수긍해야 할 것이다. 우리가 고통으로부터 효과적으로 헤어나기 위해서라도 '고통'이라는 삶의 현상을 정확히 파악하지 않으면 안 된다.

이미 지적한 바와 같이 고통에는 여러 가지 종류가 있다. 의학적 관점에서 보아도 체성적인 것과 정신적인 것이 있고 철학적으로나 종교적으로 의사들이 접근하기 어려운 종류의 고통도 있다. 그러나 그 어떤 경우이든 고통의 종류와 그 정도, 그리고 그 내용이 정확히 파악되지 않으면 안 된다. 만약 이러한 작업이 선행되지 않으면 진단이 제대로 이루어질 수 없고 오진이 자행된다면 오히려 고통을 더욱 조장하고 그만큼 처방이나 치유도 불가능할 것이기 때문이다. 그런데 한 가지 분명한 것은 우리의 신체가 질병의 덩어리가 아닌 것처럼 우리의 삶도 고통의 수렁이나 바다 그 자체는 아니라는 점이다. 바로 이러한 점을 분명히 해야 고통 중에서 치유할 것은 치유하고 극복할 것은 극복하며 수용할 것은 수용할 수 있는 것이다.

우리의 몸이 세균의 소굴이거나 질병의 덩어리가 아닌 것처럼 인간의 삶 그 자체가 고통의 수렁은 아니다. 어떤 의사가 모든 병을 치유할 수 없는 것처럼 아무도 삶의 고통을 총체적으로 구제할 수는 없다. 중요한 것은 치유될 수 있는 것과 없는 것을 구분하고, 이것을 효과적으로 대처하는 일이다. 다시 말해서 치유될 수 있는 것은 치유하되 그렇지 않은 것은 기꺼이 받아들이고 견디는 지혜가 필요하다는 것이다.

나루터 가는 길

나는 평소에 이 세상이 두 부분으로 구성되어 있다고 믿어왔다. 하나는 눈을 떴을 때 보이는 세상이고 다른 하나는 눈을 감아야 비로소 보이는 세상이다. 눈을 떴을 때 보이는 세상을 잘 보기 위하여 우리는 안경을 쓰기도 하고 전문가들은 망원경이나 현미경을 사용하기도 한다. 아마 과학은 이러한 세상을 더 잘 보아내기 위하여 형성된 지식의 체계일 것이다. 천문학이나 물리학, 화학이나 생물학에서 그 좋은 예를 찾아볼 수가 있다. 그러나 아무리 과학이 발달한다고 하더라도 이러한 장치를 가지고서는 눈을 감아야 보이는 세상을 볼 수는 없다. 상상과 의미의 세계는 좀처럼 그 모습을 드러내지 않는 것이다.

가령 별들의 세계에 관해 생각해보자. 천문학자는 성능이 좋은 망원경을 가지고 있을 경우 안드로메다 성같이 아주 먼

거리에 있는 별도 볼 수 있을 것이다. 그리고 그 별의 위치와 크기, 운동 등에 대해서 비교적 정확하게 설명할 수도 있을 것이다. 그러나 아무리 좋은 망원경을 지니고 있더라도 알퐁스 도데의 ≪별≫이나 생떽쥐베리의 ≪어린왕자≫에 나오는 그 별, 혹은 윤동주의 그 별을 보거나 그 의미에 관해서 말할 수는 없을 것이라고 생각된다. 그러한 별들은 눈을 감아야 비로소 보이는 것들이기 때문이다.

나는 가끔 눈을 떴을 때 보이는 세상에 종사하는 사람들과 눈을 감아야 보이는 세상에 관여하는 사람들이 함께 모이면 무슨 이야기를 나눌지에 대해서 궁금해 한 적이 있다. 마침 3년 전 대학에서 정년으로 퇴임한 얼마 후 그런 모임에 참여할 기회가 생겼다. 과학기술교육부의 도움을 받아 과학기술계와 인문사회계열의 학자들이 모여서 이른바 '문진問津포럼'이라는 것을 발족시켰던 것이다. '문진'이란 이름은 위원 중에 국문학자 한 분이 제안한 것으로서 ≪논어≫의 '미자微子편'에서 따온 것이다. 공자가 제자들과 여행하던 중에 어느 날 "나루터 가는 길이 어디인지 물어보라."고 부탁한 대목이 있는데 우리는 그 이름에 모두 찬동하였다. 사실 전공이 다른 학자들이 모여서 토론에 임할 때는 그 방법과 자세가 매우 중요하게 마련인데 바로 나루터 가는 길을 묻는 그 자세가 마음에 들었던 것이다. 이러한 자세를 가지면 결론을 얻는 데 급급하지 않기 때문에 심한 논쟁에 말려들지 않을 수 있고 무엇보다 어떤 주제에 관해서 다각도로 넓게 접근하는 데 효과적이었다. 나루터가 여행의 궁극적 목적지가 될 수는 없기 때문에 지나치게 집착하지 않고 토론을 즐기는 여유를 가질 수도 있었다.

우리는 매달 한두 번씩 만나면서 여러 가지 주제를 놓고 많은 이야기를 나누었고 그동안 각 분야에서 40여 명의 학자와 전문가들이 이 모임에 참여해왔다. 가령 행복, 리듬, 소통, 교육, 위험 등 다소 추상적인 것으로부터 요즈음 사회적으로 논란이 되고 있는 구체적인 사안에 이르기까지 다양한 주제를 다루었다. 이러한 주제는 철학자들만의 모임인 학회에서도 다룰 수 있는 것이지만 물리학자와 화학자, 생물학자와 수학자는 물론 의사와 작곡가, 화가, 건축가, 교육학자, 사회학자, 정치학자, 경제학자, 심리학자 등 여러 다른 분야의 전문가들이 자신의 입장을 개진할 때 그것을 듣는 것만으로도 지적 호기심을 자극하고 또 충족시키기에 충분한 것이었다. 예를 들어 행복을 주제로 논의를 전개할 때 나는 철학적 관점에서 주로 그 개념을 명확하게 정립하려고 노력했지만, 심리학자는 심리적으로 어떤 현상이 일어나야 행복을 경험하게 되는지 규명하고자 하며 경제학자는 선진국에서보다 후진국에서 사람들의 행복지수가 더 높은 이유가 무엇인지를 해명하는 식이었다. 무엇보다 어떤 주제에 대해서 그렇게 다양한 시각과 입장이 있을 수 있다는 것을 확인하는 것 그 자체가 나로서는 엄청난 소득이 아닐 수 없었다.

또 하나 이 모임에서 특이한 것은 어떤 주제를 논의함에 있어서 사회자가 정해져 있는 것도 아니고 어느 누가 전문적인 입장에서 발제를 하거나 논의를 주도하는 것도 아니라는 점이다. 어떤 한 사람이 너무 오랫동안 발언을 독점하지 않는 한 우리는 누구나 자유롭고 자율적으로 자신의 의견을 개진할 수 있도록 규정을 마련하였다. 그리고는 그 내용을 녹취해서 돌려 본 다음 필요하면 수정하거나 보완할 수 있는 기회를 주었다. 이러한 기회에 자기의 의견을 좀 더 완숙한 형태로 다듬기도 하지만 때로는 터무니없는 발언도 했음을 스스로 인식하고 실소를 금치 못할 경우도 있었다. 여하튼 이러한 형태로 의견이 다듬어지면 대중을 상대로 공개 세미나를 개최하기도 하고 논문 형식으로 주제를 보완하여 총서를 발간하기도 하였다. 무엇보다 우리가 스스로 자부심을 가졌던 것은 연구와 토론의 성과보다는 그 주제에 임하는 자세와 과정이 개방적이었다는 점에 있었다. 나루터 가는 길을 묻듯이 주위의 풍광을 즐기는 여유를 가지고 나그네의 여정을 즐겼던 것이다.

그러나 정작 어느 정도 아쉬웠던 것은 바로 그 나루터 가는 자세를 지나칠 정도로 엄격하게 고수해 온 데 있는 것 아닌가 하는 생각이 든다. 의도적으로 결론에 도달하지 않으려고 노력하면 어떤 담론을 심화하는 데 도움이 되겠지만 공리공담으로 비추어질 수도 있기 때문이다. 더구나 이 포럼을 후원하는 기관의 입장에서 본다면 직접적으로나 간접적으로 정책의 입

안에 반영될 수 있는 구체적 성과물을 기대할 수밖에 없을 것인데 그것을 의식할 때마다 다소 불안한 느낌을 갖는 것도 사실이다. 그러나 학문적 탐구의 가치가 실용적 도구만을 창출하는 데에만 있는 것이 아니라 지적 호기심을 충족시키고 새로운 지식을 획득하는 것 자체에도 있다면 지금까지 지속되어 온 문진포럼의 분위기가 적어도 당분간 더 지속되었으면 좋겠다는 소망이 있다. 사실 오늘날 우리는 거의 모든 분야에서 너무 조급하게 앞만 보고 달려가며 전리품을 탐하는 전사들처럼 매사에 근시안적 성과물에만 급급해 온 것 아닌가. 심지어 종교에서까지 기복 신앙에 몰입하는 것도 그러한 세태를 반영하는 것은 아닐까.

그동안 이 모임에 참여함으로써 나는 많은 것을 얻었다. 우선 이 격동의 시대에 여러 중요한 개념들이 급격하게 변모하여 그것들을 신중하게 다시 정립해야 할 필요가 있다는 것을 실감할 수 있었다. 그렇게 해야 비로소 원활하게 사유를 전개할 수 있고 또 효과적으로 의사를 소통할 수도 있기 때문이다. 가령 나는 행복이나 사랑, 교육 같은 표현들이 쾌락이나 성욕, 혹은 훈련의 뜻으로 쓰이고 있으며, 시간과 공간, 생명과 죽음, 인간과 정신 등의 기초 개념들도 더 이상 전통적인 의미로 통용되는 것은 아니라는 사실을 깨달았다.

그 다음 나는 자신의 입장을 다시 확인하고 더욱 확고하게 정립하기 위해서라도 상대방의 의견을 경청하는 것이 중요하다는 것을 절감하였다. 대부분의 경우 소통에 어려움을 느끼는 것은 상대방의 의견을 제대로 이해하지 못한 데서 오는 것이 사실이다. 그런데 때로는 나 자신이 스스로 무엇을 주장하고 있는지 제대로 인식하지 못함으로써 논의를 혼란스럽게 한다는 것을 의식할 때가 있는 것이다.

그리고 무엇보다 이 세상은 눈을 뜨고 볼 수 있는 세상과 눈을 감아야 보이는 세상으로 구성되어 있다는 것을, 그리고 그것이 서로 소통하기가 결코 쉽지 않다는 사실을 확인할 수 있었다. 논의를 심도 있게 진행해나갈수록 눈을 떠야 보이는 세상을 눈을 감고 보려는 경향이 있으며, 반면에 눈을 감아야 보이는 세상을 눈을 뜬 채로 보려는 경우도 많이 있는 것이다. 말하자면 논의가 거듭될수록 상대방의 입장에서 사물의 본질과 현상의 구조를 바라보려는 노력을 점점 더 소홀히 하게 된다는 것이다. 아마 바로 이것이 우리가 당분간 매사에 나루터 가는 길을 묻는 자세로 임해야 되는 이유인지도 모른다.

■ 연보

•약력

– 서울 용산구 효창동 출생
– 서강대학교 철학과 졸업, 서울대 신문대학원, 미국 웨인주립대 석사
– 미국 미시간주립대 철학박사
– 하버드대 철학과 초빙교수, 서강대 철학과 교수, 대학원장, 한국철학회 회장,
– 한국 아메리카 회장 역임
– 서강대 명예교수, 수필문우회 회원

•저서著書

≪지혜의 윤리학≫, ≪확실성의 추구≫, ≪분석과 신비≫, ≪비트겐슈타인의 사상≫, ≪당진일기≫, ≪길을 묻는 철학자≫ 등

현대수필가 100인선 · 96
엄정식 수필선

나루터 가는 길

초판인쇄 | 2011년 10월 15일
초판발행 | 2011년 10월 20일

지은이 | 엄 정 식
펴낸이 | 서 정 환
펴낸곳 | 좋은수필사

주 소 | 서울시 종로구 익선동 30-6
운현신화타워 빌딩 3층 305호
전 화 | 02)3675-5635, 063)275-4000
등 록 | 1984년 8월 17일 제28호
홈페이지 | http://www.shin-a.co.kr
e-mail | essay321@hanmail.net

값 7,000원

ISBN 978-89-5925-365-4 04810
ISBN 978-89-5925-247-3 (전 100권)